LES TRICAUD

EN BEAUJOLAIS, LYONNAIS ET BUGEY

NOTICE GÉNÉALOGIQUE

PAR E. DE JUIGNÉ DE LASSIGNY

LYON ❋ IMPRIMERIE VITTE ❋ MCMIII

LES
TRICAUD

LYON. — IMPRIMERIE EMMANUEL VITTE, RUE DE LA QUARANTAINE, 18.

LES TRICAUD

EN BEAUJOLAIS, LYONNAIS ET BUGEY

NOTICE GÉNÉALOGIQUE

PAR E. DE JUIGNÉ DE LASSIGNY

LYON ✸ IMPRIMERIE VITTE ✸ MCMIII

AVANT-PROPOS

Le nom de Tricaud est anciennement connu dans la région lyonnaise, mais uniquement dans cette région; on l'y rencontre fréquemment, non seulement dans la période moderne, mais aussi à des dates reculées : dès le XIVe et le XVe siècle ; et même un de nos amis, érudit distingué, nous affirme l'avoir rencontré employé anciennement comme prénom. Aussi doit-on considérer comme risquée l'opinion d'après laquelle tous ceux qui l'ont porté seraient sortis d'une même souche. Dès lors, il serait sans intérêt de réunir dans une même étude, comme nous en avions d'abord formé le projet, toutes les familles de ce nom, qui paraissent distinctes, aussi loin qu'on puisse les remonter, et nous nous bornerons, en dehors de celle qui fait l'objet de ce travail, à donner le résumé sommaire des renseignements que nous avons pu recueillir sur ces familles.

Tricaud de Lyon. Dès 1323 et jusqu'en 1339, paraît Jean Tricod ou Tricoud, notaire à Lyon[1], qui reçoit plusieurs actes pour le comte de Forez et pour l'official de Lyon ; c'est le plus ancien que nous ayons rencontré. Jean Tricod, curé de Meyzieu *(Maysiaci)*, au diocèse de Lyon, passa des actes en 1329 et 1330 comme tuteur, avec Barthélemy de Varey, des enfants de feu Humbert de Varey, frère de Barthélemy[2]. C'est probablement le même que Jean Tricod, chanoine de Saint-Nizier en 1336, 1341 et 1342 ; et que Jean Trico, chanoine de Saint-Just, dont l'anniversaire était au mois d'août, le lendemain de la Transfiguration[3]. On trouve ensuite différents personnages du même nom ; ils pouvaient descendre du notaire, mais il est impossible d'établir aucune filiation à cette époque.

Tricaud de Saint-Cyr-de-Favières et de l'Hôpital-Pierre-Fortunière. En 1400, Pierre Tricaud *(Triquaudi)*, de Pierre-Fortunière, fit serment de fidélité au sire de Beaujeu[4]. C'est de lui que descendaient probablement les deux branches que l'on trouve, au XVIe siècle, établies sur cette paroisse : 1° les Tricaud de Villon, ainsi nommés d'un petit fief roturier qui leur venait par l'alliance d'Antoine Tricaud avec Philiberte Villon, et qui firent deux rameaux,

---

(1) Dans un acte du 23 août 1323 (Cartulaire de l'abbaye d'Ainay), il est dit du diocèse de Clermont.
(2) Cartulaire de l'abbaye d'Ainay.
(3) Obituaire de Saint-Just. — Les chanoines de Saint-Just appartenaient en général à de bonnes familles ; ils portaient le titre de baron.
(4) Archives nationales, Aveux du Beaujolais, P. 486³, n° 313.

l'un éteint dans la personne de Guy Tricaud, lieutenant civil et criminel à Roanne, mort vers 1660, et l'autre dans celle d'Emmanuel Tricaud, sieur de Villon, marié en 1674 avec Jeanne-Marie Bonnefond de Varinay; 2° les Chevaucheurs du Roi, tenant la poste à l'Hôpital-Pierre-Fortunière, qui paraissent avoir occupé cette charge de père en fils dès le milieu du xvie siècle jusqu'au milieu du xviie, et disparaissent à cette époque, après avoir fourni un élu en l'élection de Roanne et un châtelain de Saint-Maurice et Saint-Polgues.

Les Tricaud de Feurs remontent à Etienne Tricaud, tenant l'hôtel de l'Ange, à Feurs, qui testa le 25 août 1423[1]. Un autre Etienne, probablement son fils, clerc juré de la cour de Forez, testa le 12 juin 1433[2]. Ils paraissent avoir laissé postérité, car on rencontre des Tricaud à Feurs dans le courant du xvie siècle, indépendamment des Tricaud du Monceau qui y paraissent dès 1599 et dont nous allons parler.

Les Tricaud du Monceau ont une origine incertaine : les trois premiers degrés de leur généalogie reposent sur des actes évidemment faux, car on y trouve des qualifications nobiliaires en désaccord avec la situation de la famille, qui, plus tard, acquit la noblesse par une charge de secrétaire du Roi. Si l'on en croit ces actes (qui peuvent avoir été fabriqués en modifiant des actes vrais), ils seraient origi-

---
[1] Archives de la Loire, Recueil des testaments du Forez.
[2] *Ibidem*.

naires de Thizy, où ils avaient leur sépulture. La chose n'aurait rien d'invraisemblable, et l'on ne voit pas bien le motif qui aurait pu porter les falsificateurs à se donner cette origine si elle n'était pas vraie ; par malheur, aucun de ces personnages ne se retrouve dans les nombreux actes sur Thizy que l'on possède pour cette période. Il est donc douteux qu'ils se rattachent aux Tricaud de Thizy, et la différence des armoiries vient confirmer ces soupçons : Antoine-Louis Tricaud du Monceau qui fit enregistrer ses armes par d'Hozier portait : d'or à trois trèfles de sinople.

D'après les actes précités, cette famille possédait le fief de Bornat, en la paroisse de Notre-Dame-de-Boisset, non loin de Saint-Cyr-de-Favières, dès le commencement du xvie siècle, ce qui est problématique ; mais il n'est pas douteux qu'elle l'ait possédé un peu plus tard, et par là elle pourrait se rattacher aux Tricaud de Saint-Cyr-de-Favières.

D'autre part, on la trouve établie à Feurs dès 1599, ce qui pourrait faire croire qu'elle se rattachait aux Tricaud de Feurs dont nous avons parlé.

Quoi qu'il en soit de leur origine, qui reste incertaine, les Tricaud du Monceau ont possédé les fiefs de Bornat, du Monceau, du Piney, de Sury-le-Bois et de Magnieu-le-Gabion ; ils ont reçu des lettres de noblesse du 28 mai 1692 ; ils ont fourni un capitaine châtelain de Sury-le-Bois, un lieutenant particulier assesseur criminel en la maréchaussée de Forez, un capitaine au régiment de Monaco, un élu en l'élection de Forez, un conseiller secrétaire du Roi en la chancellerie près le parlement de Grenoble, un lieutenant au bailliage et sénéchaussée de Forez; ils ont contracté des alliances avec les familles Pictre, du Verney, Charretier, Palerne, Cognet des Gouttes, Caze, des François, du Rozier de Magnieu, de Vinolz d'Aboin, Nompère de Rongefert, de Laurencin, etc.

Cette famille paraît s'être éteinte dans la seconde moitié du XVIIIe siècle.

TRICAUD
En Beaujolais, Lyonnais & Bugey.

D'azur au chevron d'or, accompagné en chef
d'une étoile du même à dextre.

GÉNÉALOGIE

DE LA FAMILLE

DE TRICAUD

EN

Beaujolais, Lyonnais et Bugey.

Jean TRICAUD, de Thizy, est cité dans un acte du 30 novembre 1355 (pr.)[1] comme possédant le tènement des Foilloudières, pour lequel il devait annuellement à Jean Foudras, damoiseau, six sols, six deniers et la moitié d'une poule. Comme on trouve, un siècle plus tard, le même tènement des Foilloudières en possession de Pierre Tricaud

---

(1) Charte originale sur parchemin dans la collection Morin-Pons, à la bibliothèque de la ville de Lyon. Nous en donnons l'analyse au chapitre des preuves, comme de tous les actes qui sont accompagnés de l'abréviation (pr.)

et de ses descendants, il est très probable que Jean était un de leurs ancêtres. D'après les dates, il pouvait être le grand-père de Pierre, qui suit :

I

Pierre TRICAUD, notaire à Thizy, assista comme témoin à un acte du 14 août 1437 (pr.). On trouve sa signature au bas d'actes des 9 et 22 mars 1458 et du 26 mai 1470, cette dernière très tremblée et paraissant être celle d'un vieillard. Celle que nous reproduisons ci-contre est du 9 mars 1458. Quoiqu'il ne soit pas démontré qu'il fut le père de Pierre Tricaud, qui suit, et de ses frères, la similitude de nom et de profession et le rapport des dates rendent cette filiation des plus vraisemblables.

Le nom de sa femme est ignoré[1].

---

(1) D'après certains indices tirés de sa signature et de celle de son fils, elle pourait être une Namy : en effet, dans la signature de ce dernier, on trouve les lettres *n* et *m* qui semblent se rapporter au nom de sa femme, Colade Namy ; or, dans la signature du premier Pierre, on trouve aussi les mêmes lettres, d'où l'on peut conjecturer qu'il avait aussi épousé une Namy.

1. Pierre Tricaud, qui suit.
2. Vénérable et discret homme Humbert Tricaud figure comme prêtre dans un acte du 3 mai 1458, comme curé de Sévelinges dès le 26 juin 1462 et l'était encore en 1464, 1468 et 1470 ; il était aussi curé de Molinet le 7 décembre 1464, curé de Molinet et de Vaigne en 1474 et 1477, curé de Molinet et d'Ecoches en 1478, curé d'Ecoches et de Montagny en 1482 et 1485, curé d'Ecoches en 1490 et 1491. Il figure dès 1474 parmi les prêtres sociétaires de l'église Saint-Georges de Thizy[1], et l'on voit par un acte du 19 février 1483 (pr.) qu'il porta de six à douze le nombre de ces sociétaires. Il fit son testament le 13 janvier 1476 (pr.), par lequel il fonda une messe de morts tous les jours, excepté le dimanche, et, pour cette fondation, il laissa à la société de Saint-Georges une pension annuelle de 24 livres. Il mourut probablement en 1491 ou peu après, car on ne trouve plus son nom à partir de cette date parmi les sociétaires de Saint-Georges. On voit par son testament qu'il

---

(1) La société des prêtres de Saint-Georges de Thizy avait pour but d'exécuter les fondations pieuses faites par les habitants de Thizy en l'église Saint-Georges. Elle possédait pour cet effet de nombreuses rentes dont les titres forment un dossier considérable, actuellement aux archives départementales du Rhône. L'église Notre-Dame de Thizy avait une société analogue dont les titres sont également aux archives du Rhône. C'est de ce fonds des *Chapelles de Thizy* que sont tirés la plupart des renseignements qui ont servi à établir le commencement de cette généalogie et pour lesquels nous n'indiquons point de référence ; nous nous contenterons de rapporter dans les preuves, à la fin de ce travail, des extraits ou analyses des plus importants.

était frère de Pierre et, par un acte du 11 janvier 1558 (pr.) qu'il était oncle de Jean et de Robert Tricaud.

3. Antoine Tricaud, curé de Neaux, ainsi qualifié en 1476, 1477 et 1478, est dit curé de Nandax en 1483, 1491, 1497 et 1505. Il figure dès 1475 parmi les prêtres sociétaires de l'église Saint-Georges. Il fit son testament le 9 septembre 1505 (pr.), par lequel il choisit sépulture dans l'église Saint-Georges, fait divers legs pieux et institue héritier universel « honnête homme Robert Tricaud, bourgeois et marchand de Thizy, son très cher neveu ». Il est probable qu'il mourut peu après son testament, car on ne retrouve plus son nom à partir de cette date parmi les sociétaires de Saint-Georges.

II

Discret homme Pierre TRICAUD, notaire à Thizy dès le 26 octobre 1457, où il reçoit un acte au bas duquel est sa signature que nous reproduisons ci-contre. On trouve encore sa signature dans divers actes jusqu'au 22 décembre 1474. Il reçut, le 11 septembre 1465 (pr.), pouvoir de grossoyer les actes reçus par Durand de Sirvinges, notaire à Thizy, et qui ne l'avaient pas été par lui. Il racheta, le 23 mai 1478 (pr.), lui et Colade, sa femme, d'Antoine de Foudras, seigneur de Courcenay, diverses redevances auxquelles il était tenu envers ledit seigneur, pour son tènement des Foilloudières, et, par acte du même jour, il vendit aux prêtres sociétaires de Saint-Georges une pension de 20 sols reposant sur ce même tènement[1]. Dans un acte du 23 août 1496 (pr.), il est qualifié de substitut de Jean de Saint-Romain, dit Pauchon, châtelain de Thizy. Il paraît comme témoin, avec son fils Robert, dans un acte du 12 mai 1497 (pr.) et mourut probablement peu après.

Femme. Colade **NAMY**, fille d'honorable homme Guillaume Namy, bourgeois de Thizy, qui testa le 5 mai 1439 (pr.), et de Rose Chameyre, qui testa le 6 juillet 1441 (pr.), étant alors remariée à Pierre de Bago, damoiseau de Thizy. Elle est citée dans ces deux testaments comme n'étant pas encore mariée. Il est probable qu'elle se maria

Namy.
D'azur à la fasce d'or accompagnée de trois étoiles du même, deux en chef et une en pointe.

---

(1) Dans le premier de ces actes, le tènement des Foilloudières est dit de la paroisse de Bourg-de-Thizy et dans le second de la paroisse de Marnant; comme le second n'est connu que par une expédition faite en 1507, on pourrait admettre qu'on y a mis les confins et la situation actuelle.

peu après, vers 1445 ou 1450. On voit par un acte du 11 janvier 1558 (pr.) qu'elle survécut à son mari et qu'elle fonda par son testament, reçu Pierre et Jacques de Sirvinges, une messe de trépassés avec matines, en l'église Saint-Georges, avec diacre et sous-diacre, chaque fête de saint Jean-Baptiste, pour laquelle elle constitua une pension annuelle de 15 sols assurée sur ses maisons et vignes de la Lucardière, en la paroisse de Cogny.

1. Jean Tricaud, qui suit.
2. Robert Tricaud, auteur d'une branche fixée plus tard en Bugey et rapportée page 19.

III

Honnête Jean TRICAUD, bourgeois de Thizy, est qualifié procureur de la duchesse de Bourbon, dame de Beaujeu, dans l'acte de consécration de la nouvelle église de Saint-Georges, du 25 novembre 1510 (pr.)[1], où il est dit qu'il avait fait construire avec son frère Robert[2],

comme nous l'avons remarqué pour plusieurs autres actes, et conclure que ce tènement était de la paroisse de Bourg-de-Thizy en 1478 et de celle de Marnant en 1507 ; mais comme d'autre part, dans un acte du 11 janvier 1558, il est dit de la paroisse de Marnant, et dans un autre du 7 août 1578 de celle de Bourg-de-Thizy, il paraît plus naturel d'admettre qu'il était à cheval sur les deux paroisses et attribué tantôt à l'une, tantôt à l'autre. — On trouve sur la carte un lieu appelé Fouilloux, situé sur la paroisse de Mardore, mais tout près de celles de Marnant et de Bourg-de-Thizy.

(1) Cette église avait été réparée et agrandie à la suite de la permission accordée, le 23 août 1496 (pr.), par le chambellan du duc de Bourbon.

(2) Il y est cité avant Robert, ainsi que dans les autres actes où ils sont cités ensemble ; c'est pour cela que nous le considérons comme l'aîné.

— 13 —

dans la dite église, une chapelle avec autel en l'honneur de saint Sébastien, martyr. C'est probablement à cette fondation que remonte l'écusson aux armes des Tricaud formant clé de voûte, que l'on voit encore de nos jours

D'après un dessin de G. Giranne, reproduit dans l'ouvrage de M. Billet, *Thizy et les environs*, t. I, p. 197. Cette clé de voûte se trouve dans la deuxième chapelle de droite en partant de l'entrée, dédiée à sainte Anne. Elle a été peinte à une époque relativement moderne et l'écusson est : de gueules au chevron d'or accompagné en chef d'une étoile du même à dextre; la bordure qui encadre l'écusson est bleue. Il est possible que cette peinture ait été faite d'après les restes d'une peinture ancienne. Ce qui rendrait cette hypothèse plausible, c'est que le champ de gueules se retrouve dans l'*Armorial du Lyonnais* de Steyert, qui blasonne ainsi : de gueules au chevron d'argent, accompagné d'une étoile du même au franc canton. Ces armes (de

CLÉ DE VOUTE AUX ARMES DES TRICAUD
DANS L'ÉGLISE SAINT-GEORGES DE THIZY

Steyert) se rapportent évidemment à l'échevin Jean Tricaud, seigneur de la Place. On pourrait donc admettre que le champ de gueules faisait partie des armes anciennes de la famille, que la branche aînée des seigneurs de la Place aurait continué à porter, tandis que la branche passée en Bugey aurait pris le champ d'azur pour brisure, comme cela se pratiquait souvent dans les familles.

et que nous reproduisons ici[1]. Jean Tricaud vendit, le 3 janvier 1515 (pr.), à Jean de Saint-Romain, châtelain de Thizy, divers fonds et maisons, dans la paroisse de Saint-Jean-la-Bussière, moyennant une pension annuelle de 40 livres[2]. Il mourut probablement avant le 6 juin 1520, date où l'on voit son fils en possession de la moitié du tènement des Foilloudières.

Le nom de sa femme est ignoré et on ne lui connaît qu'un fils qui suit.

IV

Honorable homme Robert TRICAUD, seigneur de la Place, d'abord marchand et bourgeois de Thizy, reconnut,

---

(1) Le style de la chapelle correspond bien au commencement du xvie siècle, époque de la fondation de deux chapelles par les Tricaud, mais est-ce celle de Saint-Sébastien, fondée par Jean et Robert, ou celle de Saint-Maurice et Saint-Antoine, fondée par Robert? c'est ce qu'on ne saurait dire. La chapelle est actuellement dédiée à sainte Anne, et a dû changer son ancien vocable contre le nouveau en 1605, comme l'indique un tableau placé en face de l'autel, où l'on voit, au milieu, sainte Anne et la sainte Vierge, à droite, un personnage en surplis accompagné de sainte Madeleine, à gauche, sainte Marthe; sur le bord droit, la date de 1605 et un écusson à moitié effacé où l'on distingue deux étoiles d'or en chef.

On voit aussi dans l'église Saint-Georges un bénitier de pierre, à côté de la petite porte d'entrée du côté droit, sur lequel est un écusson avec des armes grattées, mais où l'on distingue encore très bien un chevron accompagné d'une étoile à senestre. Il est probable que ce sont les armes des Tricaud avec une erreur sur la position de l'étoile; erreur pouvant provenir de ce que l'on aurait donné au sculpteur comme modèle une matrice de sceau, ou bien l'écusson de la clé de voûte qui, vu d'en bas, peut prêter à ambiguïté.

(2) Il fit encore d'autres aliénations moins importantes; c'était peut-être pour payer ses libéralités envers l'église Saint-Georges.

le 6 juin 1520 [1], devoir payer, comme fils de Jean Tricaud, la moitié de la rente de 20 sols qui avait été constituée par Pierre Tricaud sur le tènement des Foilloudières en faveur de la société de Saint-Georges. On voit par un livre des pensions dues à la même société, fait vers 1580 (pr.), que Robert avait vendu sa part du tènement des Foilloudières à Nicolas Roland [2] et que le même Roland avait acheté l'étang de la Platière des héritiers du dit Robert. Il acheta du seigneur de Montrenard [3] la maison forte et seigneurie de la Place ou des Places, en la paroisse de la Gresle, pour laquelle il fit dénombrement le 3 mars 1549 [4]. Cette acquisition, dont la date n'est pas connue, est antérieure au 17 avril 1538 (pr.), car on trouve dans un acte de ce jour : sire Robert Tricaud, seigneur des Places, choisi comme procureur par Jacques d'Aigues et Jeanne de Joux, sa femme. Il paraît encore comme marchand et bourgeois de Thizy dans divers actes jusqu'au 2 décembre 1542 [5] et se trouve qualifié marchand et citoyen de Lyon dès le 24 novembre 1547 [6]. C'est probablement peu avant cette date qu'il s'établit définitivement à Lyon, avec son fils, et qu'il introduisit dans cette ville l'art de faire des futaines, comme il est dit dans les actes consu-

---

(1) Cité dans un acte du 7 août 1578 (pr.).
(2) De lui descendait Roland de la Platière, le célèbre Girondin.
(3) Probablement de Joachim de Montrenard, seigneur de Montrenard, la Place et autres terres, qui vendit presque tous ses biens.
(4) *Histoire du Beaujolais*, par P. Louvet, t. I, p. 387.
(5) Dans cet acte, il est appelé l'aîné ; c'est pour le distinguer de son cousin Robert (p. 21).
(6) Il possédait dès 1538 une maison à Lyon, sise rue Bourgneuf, pour laquelle il fut taxé à 200 livres (Archives de Lyon, CC. 41).

laires du 17 octobre 1549 et du 21 janvier 1550[1]. Il figura dans le rôle du ban et de l'arrière-ban du Beaujolais, en 1555, et fut taxé à 50 livres pour sa maison des Places achetée du sieur de Montrenard et à 75 livres pour ses autres biens[2]. Il obtint, le 13 novembre 1561 (pr.) une sentence de maintenue de possession de la maison forte, château et domaine de la Place, contre Jacques d'Albon de Saint-André. C'est vers 1561 qu'il cessa tout à fait d'habiter Thizy, comme on le voit par l'acte du 7 août 1578 (pr.). Il mourut après le 23 octobre 1565[3] et probablement avant le 27 mai 1566, date où l'on trouve son fils qualifié seigneur de la Place. Il avait fait, avec sa femme Hélie, une fondation de vigiles et grand'messe de morts, chaque mardi, en l'église Saint-Georges, moyennant 2 livres, 12 sols, 6 deniers de pension annuelle[4].

De sa femme Hélie, dont le nom de famille est ignoré, il eut un fils, qui suit.

V

Jean TRICAUD, seigneur de la Place, marchand et citoyen de la ville de Lyon, où il s'était établi avec son père, fut échevin de Lyon en 1560[5]. Le 5 février 1566, il requit le consulat « de lui remettre les clefs de la Trinité Saint-Laurent pour faire et manufacturer l'art des fus-

---

(1) *Notes et documents pour servir à l'Histoire de Lyon*, par A. Péricaud.
(2) Archives du Rhône, B. 1.
(3) Cité dans un acte du 20 septembre 1567 (pr.).
(4) Livre des pensions dues à la Société de Saint-Georges, fait vers 1580 (pr.).
(5) Arch. com. de Lyon, CC. 1085.

taines, comme il avait accoustumé faire[1] ». Il avait embrassé la religion protestante et fut, comme tel, obligé de quitter la ville de Lyon en vertu des ordonnances de M. de Birague, gouverneur de Lyon, du 23 décembre 1567 et du 27 janvier 1568[2]. Le 31 janvier 1568 parut une ordonnance de la sénéchaussée de Lyon contre les détenteurs des biens des protestants, dont on donne la liste, sur laquelle figure Jehan Tricault, seigneur de la Place[3]. Il avait fait son testament par-devant Pierre Ouvize, notaire royal demeurant à Cogny, le 23 juillet 1567[4], par lequel il veut que son corps soit enterré sans superstitions, à la manière de ceux de la religion chrétienne réformée, soit à Lyon, soit ailleurs ; lègue à dame Philiberte Gayant, sa femme, 1.000 livres tournois, plus 7.000 livres pour tout ce qu'il peut lui devoir, si elle ne se remarie pas, laquelle somme restera au fonds de marchandises dudit testateur jusqu'à ce que les héritiers de celui-ci soient en âge d'être mariés ; il lui lègue aussi, si elle ne se remarie pas, l'habitation dans la moitié de sa maison, sise à Lyon en Bourgneuf, sa vie durant, avec la moitié des meubles et ustensiles de ladite maison, lits, linge, vaisselle d'argent, meubles de cuisine, tapisseries, etc. ; si le testateur ne laisse que des filles, sa dite femme aura la jouissance de toute la dite maison, si elle ne se remarie pas, à la charge d'inventaire et de l'entretien de ses filles jusqu'à leur mariage ; lègue

---

(1) Actes consulaires ; cité dans *Les Origines des familles consulaires de la ville de Lyon*, par V. de Valous, p. 82.
(2) *Notes et documents pour servir à l'Histoire de Lyon*, par A. Péricaud.
(3) *Ibidem.*
(4) Arch. du château de Jarnioux.

à Anne Tricaud, sa fille, femme de Benoît Sève, 500 livres, outre 7.500 livres qu'il lui a données par contrat de mariage; à Elie Tricaud, sa fille, 8.000 livres, autant à Marie, son autre fille, autant à chacune de ses filles posthumes; veut que son train et trafic de marchandises soit continué par ses héritiers, leurs tuteurs et curateurs ou tel autre qu'ils verront bon être, jusqu'à ce que la plus jeune soit en âge de se marier; nomme héritier universel son fils posthume et à son défaut ses trois dites filles, donne la tutelle de ses enfants à sa femme et la curatelle à Benoît Sève, son gendre; ledit testament fait dans la maison du testateur en la paroisse de Cogny. Il était mort dès le 31 août 1574 (pr.), où sa femme paraît comme veuve; il se pourrait qu'il ait péri victime des massacres de la Saint-Barthélemy (31 août 1572).

Gayant.
D'azur à quatre losanges d'or, mis en losange.

Femme. Philiberte GAYANT, fille de Jean Gayant, seigneur de Grivays, et de Jeanne Labbé. Elle fit son testament le 29 septembre 1607[1] en faveur de sa fille Marie et fit des legs à ses petits-enfants.

1. Anne Tricaud, mariée p. c. du 9 février 1557[2] à Benoît SÈVE, marchand et citoyen de Lyon, puis seigneur de Fromentes et de Saint-Didier-au-Mont-d'Or, conseiller de ville en 1563, fils de Jean Sève, marchand et citoyen de Lyon, et de Jeanne de Montceau. Benoît Sève mourut après 1589.

(1) Reçu Dumont, notaire à Lyon; Chambre des notaires.
(2) Insinuations de la ville de Lyon, *Donations*, FF, vol. XVIII.

2. Hélie Tricaud, mariée p. c. du 15 février 1573[1] à Jean de Grandris, bourgeois de Villefranche, seigneur de la Bardonnière, fils de Jean de Grandris, bourgeois de Villefranche, et de Digne du Lac. Elle mourut à Villefranche le 3 janvier 1584. Son mari lui survécut, se remaria à Philiberte de Rodes et mourut en 1592.
3. Marie Tricaud, dame de la Place[2], mariée p. c. du 18 avril 1579[3] à Rolland Henry, seigneur de Jarnioux, bourgeois de Lyon, fils de Guillaume Henry, bourgeois de Lyon, et de Blanche de Paffy. Rolland Henry testa à Lyon, le 8 mars 1601, et mourut avant le 15 du même mois; sa veuve mourut le 23 avril 1624, à Lyon (Saint-Paul), et fut inhumée à Jarnioux.

BRANCHE PASSÉE EN BUGEY

III

Honorable homme Robert[4] TRICAUD (fils de Pierre Tricaud et de Colade Namy, voir p. 12), bourgeois et mar-

---

(1) Insinuations du Lyonnais, vol. XXV, f° 218. — Insin. du Beaujolais, 1575.
(2) D'après Billet, (*Thizy et les environs*, t. III, p. 79 et 124), le fief de la Place fut vendu par les Tricaud à la maison de Foudras.
(3) Contrat reçu Sonthonas, notaire à Lyon; Insinuations du Lyonnais, vol. LIV, f° 66.
(4) Le prénom de Robert, qui paraît pour la première fois dans la famille, pouvait lui venir de Robert Namy, frère de sa mère.

chand de Thizy, figure comme témoin dans un acte du 12 mai 1497 (pr.) avec Pierre Tricaud, son père, « *discretis viris Petro Tricaudi et Roberto, ejus filio* ». Il reçut, le 26 janvier 1498 (pr.), de Pierre « *de Caʒalibus* », pour lui, Héméric Giraudon, son beau-père, et Jean Giraudon, père d'Héméric, donation de la moitié d'une chapelle dédiée à saint Vincent et à saint Sébastien, en l'église du Bourg-de-Thizy, avec droit de sépulture. Le 9 septembre 1505 (pr.), il fut institué héritier par le testament d'Antoine Tricaud, curé de Nandax, son oncle. Il est qualifié procureur à Thizy dans l'acte de consécration de la nouvelle église Saint-Georges, du 25 novembre 1510 (pr.), par lequel on voit qu'il avait fait construire la chapelle de Saint-Maurice et Saint-Antoine et, avec son frère, celle de Saint-Sébastien[1]. Il constitua, le 21 juillet 1520 (pr.), en faveur de la société de Saint-Georges, une pension de 10 gros assignée sur son tènement de Malservis, en la paroisse de Marnant, qui avait jadis appartenu à Humbert Tricaud, prêtre, son oncle. On voit par un acte du 18 juin 1557 (pr.) qu'il avait vendu avec sa femme, le 24 janvier 1522, une maison à Thizy à Humbert Morel, prêtre. Il est qualifié châtelain de Thizy dans un acte du 17 juillet 1529 (pr.) et juge ordinaire de Thizy le 29 septembre 1530 (pr.)[2]. On voit par un acte du 11 janvier 1558 (pr.) qu'il avait fait une fondation, par son

---

(1) C'est probablement dans une de ces chapelles que se trouve actuellement la clé de voûte aux armes des Tricaud.

(2) Dans le premier de ces actes, le juge ordinaire est nommé Jean Faye; les deux charges n'allaient donc pas toujours ensemble, bien qu'on les trouve souvent réunies. Robert Tricaud fut donc successivement châtelain en 1529 et juge ordinaire en 1530.

codicille, reçu Claude Chastellain, notaire. Il mourut avant le 17 mai 1533 (pr.), date où sa femme paraît comme veuve[1].

Femme. Catherine GIRAUDON, mariée dès le 26 janvier 1498, fille d'Hémeric Giraudon, fils lui-même de Jean Giraudon et de Fleurie. Elle fit, le 17 mai 1533 (pr.), étant veuve, une fondation de grand'messe dans l'église Saint-Georges, pour laquelle elle donna une pension de 15 sols assignée sur une maison à Thizy. Elle fit, avec son fils Jean, une acquisition le 17 mars 1536[2] et mourut avant le 11 janvier 1558.

1. Jean Tricaud, qui suit.
2. Honorable homme Robert Tricaud, marchand et bourgeois de Thizy, acheta, par actes du 17 avril et du 12 octobre 1538 (pr.), de Jacques d'Aigues et de Jeanne de Joux, sa femme, certains droits, dîmes et prérogatives qu'ils possédaient en la paroisse de la Gresle et reçut, le 20 février 1539 (pr.), hypothèque sur le domaine de Chérimondam pour la sûreté de la vente précédente. Il vivait encore le 16 août 1543, suivant l'acte du 11 janvier 1558 (pr.), où l'on voit aussi qu'il avait fondé en l'église Saint-Georges de Thizy une grand'messe anniversaire, avec diacre et sous-diacre, et qu'il avait donné pour cette fondation 300 livres, dont 100 à payer par son frère Jean,

---

(1) Il était mort probablement dès le 18 avril 1532, date où il est remplacé par Jean Faye comme juge ordinaire.
(2) Cité dans les actes du 18 juin 1557 et du 11 janvier 1558.

qui les lui devait. Il mourut avant le 11 janvier 1558.

Le nom de sa femme n'est pas connu avec certitude, mais ce pourrait être Marguerite MEAUDRE, fille d'honorable homme Messire Pierre Meaudre ou des Meaudres et de Charlotte Seguin. Elle est citée dans une généalogie de la famille Meaudre comme ayant épousé Messire Robert Tricaud, ce qui, d'après les dates, ne peut s'appliquer qu'à lui.

3. Humbert Tricaud, prêtre, figure parmi les sociétaires de Saint-Georges dans des dates du 25 mars 1483 (pr.) et du 29 octobre 1494[1]. Il paraît comme témoin au testament de Barthélemy Pyrelle, le 3 mai 1529 et dans un acte du 29 septembre 1530 (pr.). On voit par l'acte du 11 janvier 1558 qu'il avait fait, avec son père, fondation d'une messe anniversaire en l'église Saint-Georges, moyennant une rente que Jean Tricaud, son frère, était tenu de payer.

IV

Honnête homme Jean TRICAUD, bourgeois de Thizy, fit une acquisition avec sa mère le 17 mars 1536[2]. Le

---

(1) Il ne peut être confondu avec l'autre Humbert, son grand-oncle puisqu'ils figurent tous les deux dans l'acte du 25 mars 1483.
(2) Cité dans l'acte du 11 janvier 1558.

11 janvier 1558 (pr.), il reconnut être tenu de payer la moitié de la rente de 20 sols imposée par Pierre Tricaud sur le tènement des Foilloudières, ainsi que la rente de 3 livres instituée par Héméric Giraudon et imposée à Catherine Giraudon et Robert Tricaud, son mari, dont ledit Jean est dit héritier universel. Il reconnut, par le même acte, être redevable envers la société de Saint-Georges de diverses autres dettes, le tout montant à la somme de 236 livres, qui fut convertie en une pension de 12 livres, 11 sols, assignée sur son pré du Fromental, en la paroisse du Bourg-de-Thizy. Le pré et l'étang du Fromental fut vendu par lui ou ses héritiers (le texte n'est pas très clair), en 1569, à Jean Namy, sieur de la Forest, ainsi qu'il résulte du livre des pensions dues à la société de Saint-Georges. Jean Namy devait de ce chef 18 livres, 4 sols de pension.

Le nom de sa femme n'est pas connu avec certitude, mais ce pourrait être une Mathieu, attendu que Jean Tricaud, qui fait le degré suivant, est dit cousin germain de Jacques Mathieu[1].

1. Jean Tricaud, qui suit.
2. Claude Tricaud, marchand de Thizy, paraît avec son frère Jean comme témoin dans un acte du 11 janvier 1558 (pr.), et était mort dès le 4 février 1583 (mar. de sa fille).

Femme. N. CHEZALON, sœur de Balthazard

---

(1) Ce pourrait être aussi une Chapuis, car Jacques Mathieu était fils de Jean et de Benoîte Chapuis; il se pourrait encore que ce ne fût ni l'un ni l'autre et que Jean Tricaud fût cousin germain par sa femme Catherine Bérerd, qui pourrait être fille de Gabriel Bérerd et de Catherine Chapuis.

Chezalon, bourgeois de Thizy, qui assista au mariage de sa nièce.

 a. Robérte Tricaud reçut un legs au testament de Guillaume Labbes, prêtre de Thizy, le 17 décembre 1557 (pr.).

 b. Jeanne Tricaud, mariée p. c. du 4 février 1583[1], à Thizy, dans la maison de Jean Tricaud, à Sébastien SERNIZET, fils de Pierre Sernizet, en présence de Jean et Jacques Tricaud, cousins germains de la future. Elle mourut après le 12 octobre 1589, où elle figure comme marraine à Thizy.

3. Et peut-être Pierre Tricaud, marchand de l'Arbresle, qui fit une branche rapportée page 59.

V

Honnête Jean TRICAUD[2], bourgeois de Thizy, figure dans un acte du 23 octobre 1572 (pr.), par lequel Gabrielle

---

(1) Insinuations du Beaujolais, insinué le 10 août 1585.

(2) Nous avions d'abord cru pouvoir identifier Jean Tricaud, fils de Robert et de Catherine Giraudon, avec Jean Tricaud, mari de Catherine Bérard, mais les dates s'accordent mal et rendraient la filiation peu vraisemblable: en effet, les dates des mariages dans la branche de la Place nous conduisent à reculer au moins jusqu'à 1450 celui de Pierre et de Colade Namy, de sorte qu'il y aurait cent trente-trois ans d'intervalle pour trois générations, de Pierre à Jean, mari de Françoise de Rochefort, alors que la moyenne voudrait qu'il y en eut quatre-vingt-dix ou cent; il vaut donc mieux dédoubler le personnage; d'ailleurs, de cette façon, l'acte où Jean Tricaud est dit cousin germain de Jacques Mathieu s'explique plus facilement.

Gacier, veuve de Jacques Mathieu, bourgeois de Thizy, en présence et du consentement de Jean Tricaud, cousin germain de son mari, fit une fondation de messe anniversaire en l'église Saint-Georges de Thizy, dans la chapelle des Tricaud; au bas de l'acte est la signature de Jean Tricaud, que nous reproduisons ci-contre. Il était mort dès le 25 mars 1592[1].

Femme. Catherine BÉRERD[2] assista au contrat de mariage de sa fille Nicolle, en 1598, et vivait encore le 9 janvier 1610, où elle est marraine à Thizy.

Bérerd. *D'azur à trois fasces d'argent, au chef cousu de gueules.*

1. Jean Tricaud, qui suit :
2. Jacques Tricaud, auteur d'une branche fixée à Lyon, rapportée page 55.
3. Jeanne Tricaud, mariée dès le 17 mai 1589[3] à honorable homme Antoine DU VOULDY, contrôleur au grenier à sel de Thizy, fils d'Antoine du Vouldy, bourgeois de Thizy, commissaire ordinaire de l'artillerie de France, et de Vraie Bérerd. Elle mourut après le 4 septembre 1603, et son mari, le 1er juin 1615, à Thizy (N.-D.).

(1) Etat civil de Thizy.
(2) Elle pouvait être fille de Gabriel Bérerd, bourgeois de Thizy, et de Catherine Chapuis (v. ci-dessus, p. 23).
(3) Elle eut un enfant baptisé à Thizy à cette date.

4. Catherine Tricaud, mariée dès 1595 à Claude BERTHAUD, bourgeois de Villefranche. Elle était veuve dès le 28 juillet 1627 et vivait encore le 26 octobre 1634.
5. Nicole Tricaud, mariée à Thizy, p. c. du 4 juillet 1598[1], à Jean MAURICE, maître chirurgien de la ville de Paris, qui s'établit à Thizy où il fut contrôleur au grenier à sel. Elle mourut le 6 novembre 1639, à Thizy (Saint-Georges); son mari vivait encore le 23 février 1637.
6. Gabrielle Tricaud, mariée à Mathieu BAILLY, notaire royal et procureur au bailliage de Villefranche, mort avant le 25 novembre 1613, comme on le voit par le contrat de mariage de son fils Jean Bailly, élu en l'élection du Beaujolais, avec Lucrèce de Benoit[2].

VI

Jean TRICAUD, bourgeois de Thizy, né vers 1560, suivit la carrière des armes et servit le parti du Roi contre la Ligue; en 1590, il défendit le château de Thizy contre les ligueurs, d'abord en qualité de lieutenant, sous les ordres de M. de Rébé[3], puis en qualité de capi-

---

(1) Insinuations du Beaujolais, contrat reçu Briand de Pomey, notaire à Amplepuis, et Claude Girin, notaire à Thizy.
(2) Dumont, notaire à Lyon, Chambre des notaires.
(3) Zacharie de Rébé, seigneur de Thizy, qui défendit cette place pour le roi, alors que presque tout le Beaujolais était au pouvoir des ligueurs, et finalement dut se rendre le 1ᵉʳ août 1590.

taine[1]. Ses biens ayant été pillés et saccagés par le parti de la Ligue, le roi Henri IV lui donna, en récompense de ses services, l'office de juge grenetier pour le Roi au grenier à sel de Belley, office qui venait d'être créé récemment, après l'annexion du Bugey à la France. Ses lettres de provision sont du 16 novembre 1605. En 1608, il se désista de son office en faveur de son fils aîné et mourut à Belley le 1er janvier 1641. Il fut enterré, ainsi que sa femme, dans la chapelle des Cinq-Plaies en la cathédrale de Belley, où l'on voyait encore leurs armes en 1697[2].

Femme. Françoise DE ROCHEFORT, mariée en 1583[3], veuve d'Antoine Jallier, bourgeois de Thizy, et fille de Claude de Rochefort[4], bourgeois de Lyon, et de Lucrèce du Pont. Elle mourut à Belley, le 29 décembre 1636.

Rochefort.
D'or au chêne arraché de sinople, glanté d'or.

1. Philibert Tricaud qui suit.
2. Jean Tricaud, auteur de la branche cadette, rapportée page 37.
3. Jacques Tricaud, chanoine et archiprêtre de la cathédrale de Belley, prieur de Belmont, mourut à Belley, le 31 décembre 1643.

---

(1) Lettres de noblesse de son fils Philibert.
(2) Manuscrit 903 de la Bibliothèque de Grenoble, voir p. 34.
(3) L'auteur du ms. 903 dit avoir eu ce contrat de mariage entre les mains et l'avoir égaré.
(4) Généalogie de Rochefort : I. Humbert de Rochefort, conseiller de ville à Lyon en 1390, ép. Jeanne Terrail. II. Claude ép. Louise de Cuchermois. III. Jean de Rochefort. IV. Benoît ép. en 1506 Françoise Caille. V. Claude ép. en 1553 Lucrèce du Pont, fille d'Étienne et de Françoise de Tourvéon.

4. Catherine Tricaud, née en 1599, mariée le 22 février 1620, à Belley, avec Melchior CULLET, avocat au parlement. Elle mourut, étant veuve, le 21 septembre 1669, à Belley.
5. Et probablement N. Tricaud, mariée à Antoine DE MIGIEU, receveur des tailles en l'élection du Bugey, dont le fils, Guy de Migieu, président au parlement de Bourgogne, assista, comme cousin, au mariage de Barbe Tricaud avec Jean-Louis de Seyssel.

VII

Philibert TRICAUD, baptisé le 6 octobre 1589, à Thizy (Saint-Georges), succéda à son père en l'office de juge grenetier au grenier à sel de Belley ; ses lettres de provision sont du 30 juillet 1608. Il fut ensuite conseiller du Roi et président au même grenier à sel, puis lieutenant civil et criminel de la province du Bugey. Il obtint des lettres de réhabilitation et confirmation de noblesse, données à Paris au mois de novembre 1649, enregistrées au greffe de la chancellerie, le 18 novembre 1649, et au Parlement de Dijon, le 11 janvier 1651[1]. Ces lettres prescrivaient une enquête, qui fut ordonnée par le Parlement, le 5 janvier 1650, et faite à Villefranche, le 15 mai 1650, par laquelle il fut constaté que l'impétrant ainsi que son père avaient toujours vécu noblement. Il testa le 25 octobre 1654 et mourut à Belley le 31 mai 1661.

(1) Copie collationnée, extraite des archives de la Côte-d'Or, aux archives du château d'Ambérieu.

Femme. Georgette DE MONTFAL-CON, mariée en 1615[1], fille d'Adrien de Montfalcon et de Sébastienne Fabri. Elle apporta à son mari et à ses descendants des biens à Vongnes et à Belmont, ainsi que le patronage de la chapelle des Cinq-Plaies en la cathédrale de Belley, où fut établie la sépulture de la famille. Elle mourut à Belley, le 1er décembre 1667.

Montfalcon. *Ecartelé : aux 1 et 4 d'argent à une aigle éployée de sable, membrée et becquée d'or; aux 2 et 3 contrécartelé d'hermine et de gueules.*

1. Nicole Tricaud, mariée à Belley, le 27 juin 1637, à Jean-Claude PASSERAT, seigneur de Bognes, conseiller du Roi, élu en l'élection du Bugey et du pays de Gex, fils de Claude-Gaspard Passerat, seigneur de Bognes, et de Jeanne Montillet.
2. François Tricaud, qui suit.
3. Jean Tricaud, baptisé à Belley, le 19 mai 1623, fut tué en Italie, étant enseigne au régiment de don Félix, et inhumé à Belley, le 18 août 1643.
4. Jacques Tricaud, baptisé à Belley, le 1er octobre 1626, fut, après la mort de son oncle, en 1643, chanoine de la cathédrale de Belley et prieur de Belmont; il fut grand vicaire et official du diocèse de Belley de 1677 à 1680, résigna son prieuré à son neveu Anthelme et mourut à Belley, le 26 mai 1699. On a de lui deux ouvrages de dévotion manuscrits à la bibliothèque du palais Saint-Pierre, à Lyon.

(1) Contrat reçu du Pin, notaire à Belley, ms. 903.

5. Ursule Tricaud, baptisée à Belley, le 10 mai 1629.
6. Jeanne Tricaud, baptisée à Belley, le 20 novembre 1634.
7. Claudine Tricaud, baptisée à Belley, le 5 mars 1636.

Une de ces trois dernières était supérieure du couvent des Ursulines de Belley en 1692 et mourut après 1700 [1].

8. Barbe Tricaud, mariée le 17 août 1656, à Belley [2], avec Jean-Louis DE SEYSSEL, écuyer, seigneur d'Artemare, capitaine au régiment d'infanterie de Bourgogne, fils de Charles de Seyssel, écuyer, seigneur d'Artemare, garde du corps du duc de Savoie, et de Marguerite de Baron de Maupertuy. Jean-Louis de Seyssel testa le 12 janvier 1690 et mourut avant le 8 avril 1698; sa femme mourut le 14 septembre 1711 et fut inhumée le 15 dans l'église d'Yon. Les portraits de Jean-Louis de Seyssel et de Barbe Tricaud se voient encore aujourd'hui à Artemare, chez M. Gonod d'Artemare, leur descendant.

9. Marie Tricaud, baptisée à Belley, le 2 janvier 1639, mariée à Belley, le 2 février 1662, à Marc BARET, écuyer, capitaine au régiment de Créquy, exempt des gardes du corps du Roi, puis gouverneur de Seyssel en 1692 et mort en 1699. Elle mourut à Belley, le 16 janvier 1703.

---

(1) Ms. 903.
(2) Contrat du 17 août 1656, Vian, notaire à Belley, archives de M. Gonod d'Artemare.

10. Anthelme-Philibert Tricaud, baptisé à Belley, le 2 octobre 1640, fut d'abord cadet dans les gardes du corps du Roi, mourut [1] à Lille, étant lieutenant de cavalerie dans le régiment de Saint-Estef, et fut inhumé à Belley, le 5 novembre 1668.

VIII

François TRICAUD, baptisé à Belley, le 18 mars 1619, fut nommé conseiller du Roi, lieutenant général civil et criminel au bailliage du Bugey par lettres de provision du 11 mars 1647. Dans cet emploi, qu'il exerça jusqu'à sa mort, il s'acquit une si grande réputation par son savoir et son intégrité, que les tribunaux voisins le consultaient comme un oracle. Divers princes lui offrirent des situations plus considérables dans leurs états, et notamment la duchesse de Savoie, qui, n'ayant pu réussir à l'attirer auprès d'elle, le prit souvent pour arbitre de ses affaires [2]. Ayant été inquiété pour sa noblesse, il obtint, avec son oncle Jean Tricaud, un arrêt de maintenue de noblesse, le 25 août 1670 [3]. Il testa le 12 mars 1682 [4] et mourut à Belley, le 14 mars 1682.

Femme I. Marie CLÉMENSON, mariée en 1656, d'une famille originaire d'Auvergne, fille de Jean Clémenson,

---

(1) Le ms. 903 dit qu'il fut tué en duel.
(2) *Dictionnaire de Moréri*, édition de 1759.
(3) Copie collationnée extraite des archives de la Côte-d'Or, aux archives du château d'Ambérieu.
(4) Vuillemet, notaire à Belley.

bourgeois de Lyon, et de Sibille Pelletier. Elle mourut à Belley, le 11 juin 1675.

1. Anthelme Tricaud, baptisé à Belley, le 30 mai 1658, mourut jeune.
2. Joseph-Anthelme Tricaud, qui suit.
3. Jeanne-Josephe Tricaud, baptisée à Belley, le 20 mars 1664, morte à Belley, le 22 janvier 1678.
4. Jacques Tricaud, baptisé à Belley, le 11 juillet 1669, mort à Belley, le 11 février 1674.
5. Anthelme Tricaud ou de Tricaud, baptisé à Belley, le 4 mars 1671, embrassa l'état ecclésiastique, fit ses études de théologie à Paris, où il fut reçu docteur en théologie, et fut pourvu d'un canonicat de l'église d'Ainay à Lyon, le 16 novembre 1694. Admis à l'académie de Lyon lors de sa fondation, en 1699, il en fut l'un des membres les plus assidus et les plus laborieux, et y lut un grand nombre de dissertations sur différents points d'histoire ou de critique. Il fut aussi chanoine de la cathédrale de Belley et prieur de Belmont. Ayant encouru la disgrâce de l'archevêque de Lyon par suite de son opposition à la bulle *Unigenitus*, il se retira à Paris en 1735. Il laissa, par son testament, sa bibliothèque, composée d'environ trois mille volumes, aux Jacobins, aux Cordeliers et aux Célestins de Lyon, par égales portions, et légua plusieurs ouvrages de prix à l'archevêque de Lyon, qui l'avait fait exiler. Il mourut à Paris, au mois

de juillet 1739[1], et fut inhumé dans l'église Saint-Étienne-des-Grès. Il a laissé un certain nombre d'ouvrages estimés, dont on trouve l'énumération dans la *Biographie de l'Ain*, par l'abbé Depéry (I, 104), et dont les principaux sont : *Essais de littérature pour la connaissance des livres*, in-12 ; *Remarques critiques sur la nouvelle édition du Dictionnaire de Moréri*, Paris, 1706, in-12 ; *Histoire des Dauphins français et des princesses qui ont porté en France la qualité de Dauphines*, Paris, 1713, in-12 ; *Relation de la mort du feu pape Innocent XIII et du conclave assemblé pour l'élection de Benoît XIII, son successeur*, Nancy, 1724, in-12. Les deux bibliothèques de Lyon possèdent, en outre, des manuscrits considérables de l'abbé de Tricaud, sur des sujets de théologie et de littérature, et une correspondance intéressante des années 1711 et 1712[2].

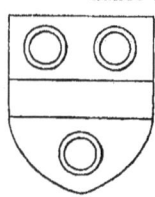

Femme II. Louise DE DORTANS, dame des Marches, mariée le 2 mars 1680, à Belley, veuve de François de Léaz, seigneur de la Bastie et des Marches, fille de François-Antoine de Dortans, seigneur de Bonas, mestre de camp d'infanterie, et de Philiberte de Grolée. Par son testament du 29 octobre 1686, elle légua la terre des

Dortans.
De gueules à une fasce d'argent accompagnée de trois annelets du même, deux en chef et un en pointe.

---

(1) D'après Pernetti, *Les Lyonnais dignes de mémoire*, t. II, p. 291, d'où sont tirés une partie des renseignements qui précèdent ; mais d'après le nécrologe du couvent de Saint-Bonaventure de Lyon, il serait mort en 1741.
(2) Voir le Catalogue des manuscrits des bibliothèques de Lyon.

Marches, qu'elle tenait de son premier mari, à Joachim de Dortans, chanoine de Belley, son neveu. Elle mourut, sans enfants, en 1692.

IX

Joseph-Anthelme TRICAUD ou DE TRICAUD, seigneur de la Moutonnière, baptisé à Belley, le 1ᵉʳ février 1660, fut nommé lieutenant général civil et criminel, et commissaire enquesteur au bailliage du Bugey, par lettres de provision du 18 mars 1688, et reçu le 7 avril suivant, à Dijon. Il vendit ses biens de Vongnes à son cousin Jacques de Tricaud (p. 41), le 19 juin 1692 [1], et ceux de Belmont à M. d'Arestel, le 21 janvier 1694 [2]. Il vendit aussi son office de lieutenant général et commissaire enquesteur à André Balme, seigneur de Sainte-Julie, le 5 mai 1694, et alla s'établir à Paris en 1694. Il avait fait, avec sa femme, un testament réciproque, le 15 septembre 1691 [3]. Devenu veuf en 1711, il se retira au couvent de la Grande-Chartreuse, où il vivait encore en 1715. La date de sa mort n'a pu être retrouvée, mais il est probable qu'il mourut à la Chartreuse, car il laissa à ce couvent plusieurs manuscrits qui sont actuellement à la bibliothèque de la ville de Grenoble [4]. Le numéro 903, intitulé *Spicilegium*, renferme un mémoire généalogique

---

(1) Chevrier, notaire à Belley, ms. 903.
(2) *Idem*.
(3) *Idem*.
(4) Voir le Catalogue des manuscrits de la ville de Grenoble.

très intéressant sur la famille de Tricaud, d'où sont tirés plusieurs renseignements de la présente notice.

Femme. Claudine-Françoise DE RICCÉ, dame de la Moutonnière et de la Berruyère, mariée à Belley, le 25 février 1691[1], fille de Charles-Emmanuel de Riccé, seigneur de la Moutonnière, et de Claudine de Blancheville. Elle mourut le 28 mars 1711.

Riccé.
D'argent à trois hérissons de châtaignes de sinople, posés 2 et 1, tigés et feuillés du même, et hérissés d'or.

1. Claude-Anthelme de Tricaud, qui suit.
2. Marie de Tricaud, née et baptisée à Belley, le 2 janvier 1693, morte au mois d'octobre 1694.
3. Marie-Anne de Tricaud, dame de la Moutonnière et de Mérèges, née le 24 et baptisée le 25 décembre 1693, à Belley, mariée le 3 septembre 1715, à Lyon (Sainte-Croix)[2], avec Paul-Alexandre D'AUBARÈDE, écuyer, baron de Saint-Laurent-de-Chamousset, lieutenant des gardes de la porte du Roi, chevalier de Saint-Louis, fils d'Hugues d'Aubarède, écuyer, baron de Saint-Laurent-de-Chamousset, et de Jeanne-Marguerite de Sève, dame de Laval. Elle reçut, par son contrat de mariage, le fief de Mérèges de sa grand'tante Claudine Clémenson, femme de François Barjot, comte de Marzy[3], et le vendit, le 8 avril 1739, à

---

(1) Contrat du même jour, reçu Chevrier, notaire à Belley, ms. 903.
(2) Contrat du 31 août 1715, reçu Dalier, notaire à Lyon, archives de M. d'Aubarède.
(3) Claudine Clémenson était veuve en premières noces de Pierre Mallet, seigneur de Mérèges, qui lui avait légué cette terre.

Jean Brossard. Elle recueillit en 1724 la succession de son frère, et porta ainsi les biens de cette branche dans la famille de son mari. Elle fit un premier testament le 12 novembre 1722[1] et un autre le 12 mai 1735[2]. Son mari mourut à Bourg, étant veuf, le 8 avril 1761.

X

Claude-Anthelme DE TRICAUD, seigneur de la Moutonnière, né le 11 décembre 1691 et baptisé le 4 septembre 1692, à Belley, fit donation du fief de la Moutonnière à sa sœur, Madame d'Aubarède, le 1er mai 1722[3], et mourut sans alliance avant 1724.

---

(1) Favre, notaire à Lyon, Chambre des notaires.
(2) Gayet, notaire à Lyon, Chambre des notaires.
(3) Favre, notaire à Lyon, Chambre des notaires.

BRANCHE CADETTE DU BUGEY

SUBSISTANT SEULE AUJOURD'HUI

VII

Jean DE TRICAUD (second fils de Jean Tricaud et de Françoise de Rochefort, voir page 27) naquit vers 1590 et servit quelque temps dans les armées du Roi, puis il fut reçu docteur en droit et avocat au parlement de Bourgogne. Il fut nommé président au grenier à sel de Belley par lettres de provision du 28 août 1627. Ayant été inquiété sur sa noblesse, il obtint, comme son frère Philibert, des lettres de maintenue de noblesse datées du 23 janvier 1653 et enregistrées au parlement de Dijon le 4 août 1655[1]. Plus tard, il fut de nouveau inquiété et obtint, avec son neveu François Tricaud, un nouvel arrêt de maintenue de noblesse du 25 août 1670[2]. Il testa le 9 juin 1664[3] en faveur de Jacques, son fils aîné, fit des legs à ses autres enfants et à sa femme, et choisit sépulture dans l'église des Cor-

---

(1) Copie collationnée, extraite des archives de la Côte-d'Or, aux archives du château d'Ambérieu.
(2) *Idem.*
(3) Blanchard, notaire à Belley, archives du château d'Ambérieu.

deliers de Belley. Il fit un codicille le 9 mars 1671[1] et mourut à Belley, le 1er octobre 1671.

Oncieu.

D'or à trois chevrons de gueules.

Femme. Jeanne D'ONCIEU, mariée au château de Charavines, p. c. du 8 août 1634[2], fille de Jean d'Oncieu[3], seigneur de Mallin, Chimilin et Charavines, et de Jeanne de Vaux. Elle testa le 6 juillet 1675[4] en faveur de Jacques, son fils aîné, fit des legs à ses autres enfants et choisit sa sépulture à côté de celle de son mari. Elle mourut à Belley, le 12 juillet 1675.

1. Hélène de Tricaud, baptisée à Belley, le 4 février 1636, religieuse au couvent des Ursulines de Belley dès 1651, vivait encore en 1698.
2. Georgette de Tricaud, baptisée à Belley, le 10 mars 1637, religieuse au couvent des Ursulines de Belley dès 1651, vivait encore en 1698.
3. Jacques de Tricaud, qui suit.
4. Antoine de Tricaud, baptisé à Belley, le 6 mars 1640, mourut en Italie, étant volontaire au régi-

(1) Blanchard, notaire à Belley, archives du château d'Ambérieu.
(2) Bernard Benoît, notaire à Clermont, en Dauphiné, archives du château d'Ambérieu.
(3) Généalogie d'Oncieu : I. Guy d'Oncieu, 1217. II. Pierre d'Oncieu, ép. Guicharde de la Palud. III. Jean, seigneur de Douvres, ép. Alix de Septème. IV. Pierre, seigneur de Diémoz, ép. Berlione de Palaguin. V. Jean, seigneur de Chimilin, ép. Catherine de Lemps. VI. François, seigneur de Chimilin, ép. Guigonne de Portes de Lyons. VII. Claude, seigneur de Chimilin, ép. Guigonne de l'Eschallier. VIII. Jean-François, seigneur de Chimilin, ép. 1541 Claudine de Girin. IX. Jean, seigneur de Chimilin, ép. 1582 Jeanne de Vaux, fille de Jean, seigneur de Vaulx-Milieu, et d'Yvette de Changy.
(4) Meilleret, notaire à Belley, archives du château d'Ambérieu.

ment de la Marcousse, le 9 octobre 1659, et fut inhumé à Belley, le 19 novembre 1659.

5. François de Tricaud fut nommé lieutenant au régiment d'Harcourt-infanterie, le 16 mars 1667 ; il était capitaine au même régiment en 1670, puis capitaine au régiment d'Anjou lorsqu'il fut tué, le 5 janvier 1675, sur le champ de bataille, près du camp de Turquena.

6. Marin-Joseph de Tricaud, brigadier des armées du Roi [1], entra au service en 1663, comme simple soldat, dans le régiment de Lyonnais-infanterie, assista aux sièges de Charleroi, Tournai, Douai, Oudenarde et Lille en 1667, et fut fait enseigne au même régiment. En 1668, blessé au bras droit au siège de Salins, il prit part aux sièges de Dôle, de Gray et de Besançon, et fut nommé lieutenant au même régiment. En 1672, il assista aux sièges de Rhinberg, Wesel, Arnheim et à celui de Nimègue, où il fut blessé d'un coup de mousquet au bras gauche. Nommé capitaine au régiment de Lyonnais-infanterie le 1er octobre 1672, il fut au siège de Condé en 1676, à ceux de Valenciennes, de Cambrai et de Saint-Omer et à la bataille de Cassel en 1677, aux sièges de Gand et d'Ypres et à la bataille de Saint-Denis en 1678. Nommé major au même

---

(1) Les états de service de cet officier et des autres, qu'a fournis la famille de Tricaud, ont été reconstitués soit à l'aide des archives de la famille, soit avec celles du ministère de la guerre.

régiment, le 17 octobre 1690, il assista à la bataille de Steenkerke en 1692 et à celle de Nerwinde en 1693, où il eut la jambe gauche cassée d'un coup de mousquet, dont il resta estropié. Il fut fait chevalier de Saint-Louis le 1er février 1694 et nommé lieutenant-colonel du régiment de Lyonnais-infanterie le 16 décembre 1698. Il assista à la bataille de Luzzara en 1702, aux sièges de Verceil et d'Yvrée en 1704, à ceux de Verrue et de Chivasso en 1705 et de Turin en 1706. Il reçut une pension de 900 francs et fut nommé brigadier des armées du Roi le 17 juillet 1707. Il fit, en 1707, la campagne de Provence et du Dauphiné, en 1708, celle du Rhin et, en 1709, celle des Alpes, puis la campagne de Flandre, où il se distingua spécialement, à la bataille de Denain, le 24 juillet 1712, en forçant les lignes ennemies à la tête du régiment de Lyonnais, qu'il commandait, avec ceux d'Agenois et de Beauce. Il fit encore la campagne d'Allemagne en 1713, jusqu'à la paix de Rastadt, en 1714. Il fit son testament à Paris, le 5 mai 1716[1], par lequel il choisit sépulture au tombeau de sa famille, dans l'église des Cordeliers de Belley, et institua son héritier Marin-Joseph de Tricaud, son neveu. Il mourut à Paris, le 12 mai 1716[2]. Son portrait est au château d'Ambérieu.

(1) Ballin et Bousquet, notaires au Châtelet de Paris, archives du château d'Ambérieu.
(2) *Dictionnaire historique de Moréri*, édition de 1759.

7. Claude-Anthelme de Tricaud, baptisé à Belley, le 22 avril 1649, entra dans les ordres en 1662 et fut nommé chanoine de la cathédrale de Belley le 1er novembre 1675. Il mourut à Belley, le 18 mars 1708.

X

Jacques DE TRICAUD, baptisé à Belley, le 21 octobre 1638, fut commissaire extraordinaire de l'artillerie de 1692 à 1697. Il acheta la terre de Vongnes, le 19 juin 1692[1], de son cousin, Joseph-Anthelme de Tricaud (p. 34). Il avait fait un premier testament à Lyon, le 23 mai 1674, et en fit un dernier, le 15 octobre 1692, à Belley[2], par lequel il choisit sépulture dans l'église des Cordeliers de cette ville, fit des legs à ses trois enfants et institua sa femme héritière universelle. Il mourut à Belley, le 19 septembre 1724.

Femme I. Catherine CARDON, mariée le 9 octobre 1679, à Lyon (Sainte-Croix)[3], fille de Jacques Cardon, écuyer, conseiller du Roi, ancien prévôt général en la maréchaussée et gouvernement de Lyonnais, et de Claudine de Fenoyl. Elle mourut le 1er octobre 1681.

Cardon.

D'or à une fleur de cardon au naturel, tigée et feuillée de sinople.

1. Josette de Tricaud, baptisée à Belley, le 19 mars 1681, morte jeune.

(1) Chevrier, notaire à Belley, ms. 903.
(2) Chevrier, notaire à Belley, archives du château d'Ambérieu.
(3) Contrat du 5 octobre 1679, reçu Cassine, notaire à Lyon, archives du château d'Ambérieu.

Guillon.

D'azur au sautoir d'or.

Femme II. Anne de GUILLON, mariée le 2 mars 1683, à Lyon (Saint-Nizier)[1], fille de Charles de Guillon[2], écuyer, seigneur de la Chaux, et de Marie de Camus. Elle fit un premier testament le 30 avril 1683, à Belley[3], en faveur de son mari, et en fit un dernier, le 14 mai 1739, à Belley[4], par lequel elle choisit sépulture dans l'église des Cordeliers de Belley, fit un legs à son fils et institua héritières ses deux filles. Elle mourut à Belley, le 29 décembre 1739.

    2. Marie de Tricaud, née le 25 novembre 1684 et baptisée le 30 mai 1685, à Belley, mariée dès l'an 1713 à Claude du Tremblay, bourgeois de Lyon, puis contrôleur des fermes de Savoie à Seyssel. Elle était veuve en 1755.

    3. Marin-Joseph de Tricaud, qui suit.

    4. Louise de Tricaud, baptisée à Belley le 3 avril 1687, mourut sans alliance le 27 avril 1750, à Belley.

---

(1) Contrat du 25 février 1683, reçu Delhorme, notaire à Lyon, archives du château d'Ambérieu.

(2) Généalogie de Guillon : I. Pierre de Guillon, écuyer, ép., 1515, Marguerite de Chabannes. II. Pierre de Guillon, ép., 1576, Catherine Bollioud. III. Maurice de Guillon, ép., 1611, Louise de Raverie. IV. Charles, seigneur de la Chaux, ép., 1656, Marie de Camus, fille de François, seigneur de Chavagnieu, et d'Anne Lyotaud.

(3) Meilleret, notaire à Belley, archives du château d'Ambérieu.

(4) Guillot, notaire à Belley, archives du château d'Ambérieu.

IX

Marin-Joseph DE TRICAUD, baptisé à Belley, le 3 mai 1685, entra au service en qualité d'enseigne le 11 mars 1697, dans le régiment de Lyonnais-infanterie où servait déjà son oncle Marin-Joseph de Tricaud, fut nommé lieutenant dans le même régiment le 8 mars 1700, assista à la bataille de Luzzara en 1702, aux sièges de Verceil et d'Yvrée en 1704, à ceux de Verrue et de Chivasso en 1705. Nommé capitaine au même régiment le 24 février 1706, il fut blessé à la jambe gauche au siège de Turin, le 7 septembre 1706. Il se distingua particulièrement à la bataille de Denain, le 24 juillet 1712, où il fit prisonnier le général ennemi, comte d'Albermale [1]. Voici comment le fait est raconté dans le *Journal historique sur les matières du tems* [2] : « M. d'Albermale fut arrêté prisonnier par un jeune capitaine du régiment Lionais, nommé M. de Tricaud, qui le mena d'abord au lieutenant-colonel du même régiment, qui est son oncle, auquel M. d'Albermale rendit son épée : dès que ce général fut pris, toute sa troupe fut mise en confusion, etc. » Il fut fait chevalier de Saint-Louis et nommé capitaine d'une compagnie de gre-

---

(1) Le comte d'Albermale, ancien lieutenant général hollandais, commandait le camp retranché de Denain, ayant sous ses ordres dix-huit bataillons et douze cents chevaux.
(2) Imprimé à Verdun, chez Claude Muguet. Le passage est à la page 207 (septembre 1712). Un exemplaire de ce journal est aux archives du château d'Ambérieu.

nadiers au régiment de Lyonnais le 26 septembre 1730, puis commandant du 3ᵉ bataillon au même régiment le 10 novembre 1733. Il fut grièvement blessé au siège de Braunau en 1742 et mourut le 10 mars 1743, à Rogkelfing, à deux lieues de Thann, en Bavière. Son portrait, ainsi que celui de sa femme, et un autre qui paraît être celui de son fils, peints au pastel, se trouvent au château de Vongnes, chez M. d'Orgeval.

Lhermite.

D'azur à trois chevrons d'argent, au chef cousu de Jérusalem (de gueules à la croix potencée d'or, cantonnée de quatre croisettes du même.)

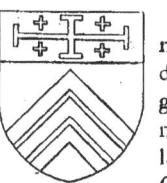

Femme. Françoise DE LHERMITE, mariée à Calais, le 23 octobre 1719 [1], fille de Sicaire de Lhermite [2], chevalier, seigneur de Lanty et de la Meynardie, aide-major, commandant au courgain de Calais, chevalier de Notre-Dame du Mont-Carmel et de Saint-Lazarre, et de Louise Boudon. Elle mourut à Vongnes, le 5 décembre 1750.

1. Louise de Tricaud, née et baptisée le 21 juillet 1722, à Vongnes, et morte le même jour.
2. N. de Tricaud, jumelle de la précédente, ondoyée et morte le jour de sa naissance, sans avoir été nommée.
3. Marin-Joseph-Jacques de Tricaud, qui suit.

(1) Contrat du 12 octobre 1719, reçu Baudier et Bigourd, notaires à Calais, archives du château d'Ambérieu.
(2) Généalogie de Lhermite: I. Jean de Lhermite, seigneur du Souliers, teste en 1448 (forme le 13ᵉ degré de la généalogie du *Nobiliaire du Limousin*, par Nadaud), ép. Berthe Bordet. II. Gautier ou Geoffroy de Lhermite, seigneur du Souliers, ép. Philippe de Vignolles. III. Jacques, seigneur du Souliers, ép. N. Esmoin. IV. Jacques, seigneur du Souliers, ép., 1535, Jeanne de Texières. V. Pierre, seigneur de Bouis, ép., 1567, Marie Esmoin de Rochebrun. VI. Antoine, seigneur de Rochebrun, ép., 1605, Jeanne de

X

Marin-Joseph-Jacques DE TRICAUD, né le 29 août 1723 et baptisé à Vongnes, le 6 septembre 1723, entra de bonne heure au service, fut nommé enseigne au régiment de Lyonnais-infanterie le 2 décembre 1733, lieutenant au même régiment le 9 septembre 1734, capitaine au même régiment le 8 septembre 1740, chevalier de Saint-Louis le 7 septembre 1744. On trouve dans ses états de services de 1749 qu'il assista à toutes les affaires auxquelles son régiment prit part, c'est-à-dire : passage du Rhin et prise de Kehl en 1733, siège de Philipsbourg en 1734, siège de Braunau et combat de Dingolfingen en 1742, conquête du comté de Nice, prise de Villefranche, Casteldelfino, Montalban et Demonte, conquête du Piémont, siège de Coni, bataille de la Madone de l'Ulmo en 1744, siège d'Asti en 1745, reprise du comté de Nice, combat de Castellane, prise des îles d'Hyères en 1747. Il fut nommé capitaine d'une compagnie de grenadiers au régiment de Lyonnais le 14 août 1757, et retraité avec une pension de 500 livres à la fin de cette même année 1757. Il testa le 14 septembre 1783[1] en faveur de son fils et mourut à Belley le 5 mars 1788.

Pompadour. VII. Jacques, seigneur de Lanty, ép., 1636, Isabeau de Bonneguise. VIII. Sicaire, seigneur de Lanty, ép., 1690, Louise Boudon, fille d'Antoine et d'Anne du Vivier.

(1) Gaudet, notaire à Belley, archives du château d'Ambérieu.

Dutour-Vuillard.

D'argent, à trois chevrons de gueules, accompagnés de trois besans du même; écartelé de gueules au lion d'or.

Femme. Marie-Aimée DUTOUR-VUILLARD, mariée à Bourg, le 24 août 1754 [1], fille de Jacques-Marie Dutour-Vuillard [2], écuyer, seigneur de la Vrandière et de Saint-Nizier-le-Désert, chancelier de la souveraineté de Dombes, et de Marie Robin. Elle fit son testament olographe le 21 mars 1805 [3] et mourut à Bourg, le 24 avril 1812.

1. Marie-Jacqueline de Tricaud, née le 8 et baptisée le 13 octobre 1755, à Vongnes, mariée le 8 octobre 1786, à Vongnes [4], à Antoine-Marie DE SEVRÉ DE PRÉVAL, capitaine au régiment de Cambrésis, chevalier de Saint-Louis, fils de Jean-Claude de Sevré de Préval, écuyer, ancien conseiller au conseil supérieur de Léogane (île Saint-Domingue), trésorier de France en Bourgogne, et de Marie Lemoyne. Elle mourut à Bourg, le 3 janvier 1839.
2. Jean-Marie de Tricaud, qui suit.

(1) Contrat du 8 août 1754, reçu Salazard, notaire à Bourg, archives du château d'Ambérieu.
(2) Généalogie Dutour-Vuillard : I. Jean Vuillard, seigneur de Chareiziat, II. Jean-Jacques, seigneur de Chareiziat, ép. Françoise Piron. III. Louis Vuillard, ép. Philiberte Dutour. IV. Jean-Jacques Dutour-Vuillard, seigneur de Saint-Nizier, conseiller au parlement de Dombes, ép. 1666 Anne Rochette. V. Jacques, seigneur de Saint-Nizier, ép., 1692, Anne Dervieu. VI. Jacques-Marie, seigneur de Saint-Nizier, ép., 1722, Marie Robin, fille de Bruno Robin, lieutenant au bailliage de Gex, et de Philiberte Chevrier.
(3) Archives du château d'Ambérieu.
(4) Contrat du 25 septembre 1786, reçu Mante, notaire à Belley, archives du château d'Ambérieu.

3. Marie-Philiberte-Victoire de Tricaud, née le 3 et baptisée le 4 janvier 1760, à Vongnes, mourut jeune.
4. Gabriel-Marin-Madeleine de Tricaud, né et baptisé le 26 juillet 1761, à Vongnes, mourut jeune.

XI

Jean-Marie DE TRICAUD, né le 17 et baptisé le 18 octobre 1758, à Vongnes, fut nommé sous-lieutenant au régiment de Lyonnais-infanterie le 4 mars 1775, lieutenant en second au même régiment le 24 novembre 1780, assista aux sièges de Mahon et de Gibraltar, en 1782, et fut nommé lieutenant en premier au même régiment le 22 mai 1783. Il rentra dans ses foyers en 1791 et mourut le 26 août 1797 (9 fructidor an V), à Vongnes, avant la naissance de son fils.

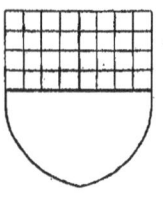

Femme. Marie-Hiéronime-*Amélie* DUJAT D'AMBÉRIEU, mariée à Ambérieu, le 27 septembre 1796[1], fille de Pierre Dujat d'Ambérieu[2], écuyer, seigneur de Saint-Germain-d'Ambérieu, des Allymes, Luysandre, Gy, Bons, les Croix et autres lieux, syndic général de la noblesse du Bugey, et de Lucrèce Dareste d'Albonne. Elle

Dujat d'Ambérieu.
Échiqueté d'argent et d'azur de quatre traits, coupé de gueules.

---

(1) Contrat du 26 septembre 1796, reçu Sirand, notaire à Ambérieu, archives du château d'Ambérieu.
(2) Généalogie Dujat d'Ambérieu : I. François Dujat. II. Pierre Dujat, ép., 1596, Claudine Rey. III. Jérôme Dujat, ép., 1629, Jeanne Ravachol.

avait un frère unique, Abraham-Jean-Blaise-Roch Dujat des Allymes, qui mourut sans alliance, et elle recueillit ainsi tous les biens de sa famille, qu'elle porta dans celle de son mari. Elle mourut à Ambérieu, le 17 février 1861, ne laissant qu'un fils, qui suit.

XII

Pierre-Aimé-*Adolphe*, Comte de TRICAUD, né le 9 et baptisé le 12 novembre 1797, à Ambérieu, chevalier de Saint-Grégoire-le-Grand et des Saints Maurice et Lazare, obtint de la chancellerie pontificale, par brevet du 3 février 1865, le titre de comte romain, transmissible à ses descendants mâles, par ordre de primogéniture. En 1826, il avait vendu la terre et le château de Vongnes à M. Alirot, grand-père de M. d'Orgeval qui les possède aujourd'hui. Il fit cession des ruines du château de Saint-Germain à la commune d'Ambérieu avec interdiction de les démolir et il consolida ce qui restait du château des Allymes, qui est actuellement la propriété de son petit fils. Il dota la commune d'Ambérieu d'une école gratuite au hameau des Allymes, contribua largement à d'autres fondations importantes pour la paroisse et à la construction de la nouvelle

---

IV. Jérôme Dujat, ép., 1666, Jeanne Lepoyvre. V. Pierre Dujat, ép., 1699, Marie-Claudine Guérin. VI. Dominique Dujat, seigneur d'Ambérieu, conseiller secrétaire du Roi, ép., 1733, Marie-Anne Bottu de Saint-Fonds. VII. Pierre Dujat, seigneur d'Ambérieu, ép., 1765, Lucrèce Dareste, fille de Pierre, conseiller à la Cour des monnaies de Lyon, et de Geneviève Fuselier.

église. Il publia sous le pseudonyme d'Amé de Gy plusieurs volumes de légendes sur l'histoire locale[1] et mourut à Ambérieu, le 2 septembre 1872.

Femme. Henriette-Marie-*Adélaïde* DU MARCHÉ, mariée à Bourg, le 26 septembre 1824 [2], fille de Claude-Marie-Joseph du Marché [3], ancien capitaine du génie, député de l'Ain, chevalier de la Légion d'honneur, et de Marie-Joséphine-*Adélaïde* de Bolozon. Elle mourut à Ambérieu, le 10 juillet 1896, âgée de quatre-vingt-dix ans.

Du Marché. *Parti d'azur et d'argent, au soleil parti d'or et de gueules, l'or sur l'azur et le gueules sur l'argent.*

1. Joseph-Marie-*Léopold* de Tricaud, qui suit.
2. Abraham-Marie-*Gustave* de Tricaud, rapporté après son frère.

XIII

Joseph-Marie-*Léopold*, comte DE TRICAUD, né à Lyon, le 14 janvier 1826, chevalier de Saint-Grégoire-le-Grand, mourut à Lyon, le 17 décembre 1885.

(1) *Chroniques et légendes de l'Ain,* Casterman à Tournai, 1864; *Bresse et Bugey,* ibid. 1865; *Esquisses du Moyen Age,* ibid. 1865: *Nos Pères,* ibid. 1868.
(2) Contrat du 26 septembre 1824, reçu Morellet, notaire à Bourg, archives du château d'Ambérieu.
(3) Généalogie du Marché : I. Jean-François du Marché, anobli en 1598, ép., 1597, Jeanne Bizet. II. Claude du Marché, seigneur de la Tour de Marboz, ép., 1650, Philiberte Charpy. III. Jean-Nicolas, seigneur de la Tour, ép. 1706, Anne-Marie d'Escrivieux. IV. François-René, seigneur de la Tour, ép., 1752, Jeanne-Marguerite Aymon de Montépin. V. Claude-Marie-Joseph, ép., 1796, Marie-Joséphine-Adélaïde de Bolozon, fille de Joseph-Augustin, maître à la chambre des Comptes de Dôle, et d'Anne-Marie Guillot.

— 50 —

Lestrange.

De gueules à deux lions rampants adossés d'or, abaissés et sommés d'un lion passant d'argent.

Femme. Gabrielle-Marie-Alix DE LESTRANGE, mariée le 15 novembre 1853 [1], au château de Chaux (commune de Chevanceaux), fille d'André-*Alfred*, marquis de Lestrange, ancien garde du corps du roi Louis XVIII, et de Constance Herbout.

1. *Marguerite*-Marie-Andrine de Tricaud, née le 1er novembre 1865, au château de Saint-Maurice-de-Remens, y mourut le 27 avril 1869.

XIII

Abraham-Marie-*Gustave*, comte DE TRICAUD, né à Lyon, le 28 février 1827, fut maire d'Ambérieu de 1870 à 1878, et mourut à Lyon, le 30 janvier 1895.

Vergnette.

D'azur au chevron d'argent chargé de trois étoiles de gueules et accompagné de quatre étoiles d'or, trois en chef et une en pointe.

Femme. Anne-Marguerite-Marie-*Louise* DE VERGNETTE DE LAMOTTE, mariée le 11 novembre 1856 [2], au château de Lamotte (commune de Beaune), fille de Gérard-Elisabeth-*Alfred*, vicomte de Vergnette de Lamotte [3], chevalier de la Légion d'honneur, membre correspondant de l'Institut, et de Jeanne-*Henriette* Nodot.

(1) Contrat du 14 novembre 1853, reçu Ansault, notaire à Chevanceaux (Charente-Inférieure).
(2) Contrat du 10 novembre 1856, reçu Guiot, notaire à Beaune.
(3) Généalogie de Vergnette : Louis Vergnette, procureur au parlement de Paris (se rattachait, d'après une tradition de famille, aux Vergnette d'Hardencourt, en Normandie), ép. Marie Auzanet. II. Toussaint, ép. Jac-

1. Marie de Tricaud, née le 30 décembre 1857, à Chalon-sur-Saône, y mourut le 7 février 1858.
2. Jeanne de Tricaud, jumelle de la précédente, morte le jour de sa naissance.
3. Jean-Gérard-Marie-*Henry* de Tricaud, qui suit.
4. Thérèse-Joséphine-Marie-*Elisabeth* de Tricaud, née à Meursault (Côte-d'Or), le 4 octobre 1863, mariée à Lyon, le 8 août 1883, à *Edme*-Méry LE CLERC DE JUIGNÉ DE LASSIGNY, lieutenant au 1er régiment d'artillerie, démissionnaire depuis 1886, fils de Louis-*Anatole* le Clerc, comte de Juigné de Lassigny, et de *Caroline*-Joséphine Crestin.
5. *Marie*-Gabrielle-Caroline de Tricaud, née à Beaune, le 23 avril 1865, mariée à Lyon, le 27 juin 1887, à Anne-Antoine-Marie-Joseph-*Régis* JOURDA, baron DE VAUX DE FOLETIER, lieutenant au 19me régiment de dragons, fils de Marie-Charles-*Louis* Jourda, vicomte de Vaux de Foletier, ancien officier de marine, et de Marie-Thérèse de Roche de Lonchamp. M. de Vaux est actuellement capitaine acheteur au dépôt de remonte de Saint-Jean-d'Angély.

queline Gruau. III. Jacques, seigneur de la Motte de Gigny, ép., 1666, Jeanne Guyard. IV. Jean-Baptiste, seigneur de la Motte, ép., 1699, Jeanne Brunet. V. Jean-Baptiste-Chrysostôme, maître à la chambre des Comptes de Dijon, ép., 1733, Marguerite Nicolas. VI. Jacques-Etienne, ép., 1771, Louise-Edmée Gombault. VII. Hubert-Anne Vergnette de Lamotte, ép., 1805, Elisabeth Bizouard de Montille. VIII. Alfred, vicomte de Vergnette de Lamotte, ép., 1838, Henriette Nodot, fille de Charles Nodot et de Claudine Loyseau de Charéconduit.

6. Aimée-Marie-*Jeanne* de Tricaud, née le 23 juin 1866, au château de Vignolles (Côte-d'Or), mariée à Lyon, le 19 juin 1889, à *Paul*-Louis-Marie LEMEAU DE TALANCÉ, fils de *Ludovic*-Philibert Lemeau de Talancé et de Marie-*Emilie* Bottu de Limas. Elle est morte à Lyon, le 22 mars 1892, et son mari s'est remarié en 1895 avec Marguerite de Surville.
7. Marin-Alfred-Marie-*Pierre* de Tricaud, né le 5 juillet 1868, au château de Vignolles, mort à Ambérieu, le 16 décembre 1871.
8. Henriette-Marie-*Thérèse* de Tricaud, née à Meursault, le 18 février 1872, mariée à Lyon, le 16 novembre 1892, à Jean-*Charles* DE MASSON D'AUTUME, capitaine au 26me régiment de dragons, fils d'Édouard, baron de Masson d'Autume, et de Marthe d'Ennery de la Chesnaye.
9. Françoise-Marie-*Berthe* de Tricaud, née le 11 juillet 1876, au château de Vignolles, mariée à Lyon, le 30 juin 1898, à Joseph-*Henri*-Paul-Bernard DE MENTHON, baron DE LORNAY, comte D'AVIERNOZ, fils de Louis-François-Adrien-*Bernard* de Menthon, baron de Lornay, comte d'Aviernoz, et de Marie-Françoise-*Alice* de Luvigne. M. de Menthon d'Aviernoz est mort le 11 novembre 1902, au château de Rubaud (commune de Coise, Savoie).

XI

Jean-Gérard-Marie-*Henry*, comte DE TRICAUD, né à Beaune, le 21 juin 1862.

Femme. *Marie*-Victorine MEAUDRE, mariée à Paris, le 12 juin 1895 [1], fille de Louis-Marie dit *Lodoïs* Meaudre [2], ancien magistrat, et de Marie-Louise Vidal.

Meaudre.

D'azur au chevron d'argent, à trois étoiles du même rangées en chef, soutenues d'une trangle aussi d'argent.

1. Louise-Marie-*Magdeleine* de Tricaud, née à Lyon, le 22 novembre 1898.
2. Jean-Edme-Marie-*Pierre* de Tricaud, né le 30 septembre 1900; au château de Machuraz (com. de Vieu, Ain), y mourut le 21 novembre 1900.
3. Gaston-Marie-*Jacques* de Tricaud, jumeau du précédent.
4. Henriette-Marie-Edmée-*Geneviève* de Tricaud, née à Lyon, le 24 avril 1903.

---

(1) Contrat du 10 juin 1895, reçu Bazin, notaire à Paris.
(2) Généalogie Meaudre : I. Pierre des Meaudres, notaire à Cervière en 1534, ép. Jeanne Rambe. II. Antoine Meaudres, sieur de Marnat, ép. Gabrielle Perrin. III. Pierre Meaudres, sieur de Marnat, ép. 1626 Peronnelle de Fougerolles. IV. Pierre Meaudres, ép. 1662 Pernette de Madières. V. Samuel Meaudre, capitaine châtelain de Saint-Germain-Laval, ép. 1720 Madeleine de Boissieu. VI. Jacques Meaudre, conseiller secrétaire du Roi, ép. 1754 Françoise Pirot. VII. Charles-Adrien Meaudre, seigneur de Pradines, ép. 1786 Jeanne-Pierrette Boyer de Sugny. VIII. Charles Meaudre des Gouttes ép. 1821 Elisa Guérin. IX. Lodoïs Meaudre ép. 1861 Louise Vidal.

*Filiation rattachant les enfants du comte de Tricaud
au roi Saint Louis:*

I. Saint Louis, roi de France, épouse en 1234 Marguerite de Provence.
II. Robert de France, comte de Clermont, épouse en 1272 Béatrix de Bourgogne.
III. Jean de Clermont, baron de Charolais, épouse en 1310 Jeanne d'Argies.
IV. Béatrix de Clermont épouse en 1327 Jean Ier, comte d'Armagnac.
V. Jean II, comte d'Armagnac, épouse en 1359 Jeanne de Périgord.
VI. Béatrix d'Armagnac épouse le 17 août 1382 Charles Visconti, duc de Parme.
VII. Bonne Visconti épouse le 12 août 1411, Guillaume, sire de Montauban.
VIII. Marie de Montauban épouse Jean Malet, sire de Graville.
IX. Louis Malet, sire de Graville, amiral de France, épouse Marie de Balsac.
X. Anne Malet de Graville épouse Pierre de Balsac, seigneur d'Entragues.
XI. Jean de Balsac épouse le 6 août 1532, Claude d'Urfé, baron de Beauvoir.
XII. Claude d'Urfé, baron d'Entragues, épouse le 25 avril 1563 Françoise de Sugny.

XIII. Isabeau d'Urfé épouse le 5 octobre 1595 Claude de Cremeaux, seigneur de Chamousset.

XIV. Marie de Cremeaux d'Entragues épouse le 21 janvier 1619 Claude de Saint-Georges.

XV. Louise-Pierrette de Saint-Georges épouse Jacques Cognet, seigneur de la Maisonforte

XVI. Jacques Cognet de la Maisonforte épouse le 5 février 1697 Marie Perrin.

XVII. Sibille Cognet de la Maisonforte épouse en 1716 Thomas Ramey de la Salle.

XVIII. Louise Ramey de la Salle épouse le 23 août 1735 Jean-Pierre Montagne du Cognet.

XIX. Marie-Anne Montagne du Cognet épouse le 5 octobre 1765 Jean-Pierre Boyer de Sugny.

XX. Pierrette Boyer de Sugny épouse le 21 février 1786 Charles-Adrien Meaudre, seigneur de Pradines.

XXI. Charles Meaudre des Gouttes, épouse le 17 juillet 1821 Marie Elisabeth Guérin.

XXII. Lodoïs Meaudre épouse le 6 mai 1861 Louise Vidal.

XXIII. Marie Meaudre épouse le 12 juin 1895 Henry, comte de Tricaud.

BRANCHE ÉTABLIE A LYON

ÉTEINTE

VI

Jacques TRICAUD (second fils de Jean Tricaud et de Catherine Bérerd, voir p. 25), habitait d'abord Thizy, puis s'établit à Lyon, ayant été pourvu, dès l'an 1600, de l'office de conseiller du Roi, juge grenetier alternatif et triennal au grenier à sel de Lyon. Il fit une transaction avec son frère Jean, le 4 juillet 1618[1], et mourut le 25 août 1638, à Thizy (Saint-Georges).

Femme I. Isabeau DE LA MOLIÈRE était morte dès 1598, comme on le voit par le contrat de mariage de sa belle-sœur Nicole Tricaud, à qui elle avait fait un legs.

Femme II. Françoise COLOMBET, morte le 19 janvier 1600, à Lyon (Saint-Paul).

    1. Jacques Tricaud, baptisé le 17 janvier 1600, à Lyon (Saint-Paul).

Panse.

Bandé d'argent et d'azur, coupé d'azur à trois étoiles d'or, rangées en fasce ; à la fasce d'argent, brochant sur le coupé.

Femme III. Barbe PANSE, mariée à Lyon, p. c. du 20 avril 1602[2], fille de Justinian Panse, bourgeois de Lyon, et de Méraude Bollioud, était morte dès 1654.

    2. Isabeau Tricaud, baptisée le 8 janvier 1604, à Lyon (Saint-Paul).

(1) Grangier, notaire à Lyon, Chambre des notaires.
(2) Pierre Bégule, notaire à Lyon, Chambre des notaires.

3. Marguerite Tricaud, baptisée le 3 avril 1606, à Lyon (Saint-Paul), morte le 30 décembre 1623 *(Ibid.).*
4. Marie Tricaud, baptisée le 20 juin 1608, à Lyon (Saint-Paul).
5. Philibert Tricaud, baptisé le 1er mai 1610, à Lyon (Saint-Paul).
6. Méraude Tricaud, baptisée le 8 juillet 1611, à Lyon (Saint-Paul).
7. Jean Tricaud, baptisé le 28 septembre 1612, à Lyon (Saint-Paul).
8. Justinian Tricaud, qui suit.
9. Catherine Tricaud, baptisée le 17 août 1615, à Lyon (Saint-Paul), mariée le 7 janvier 1647, à Lyon (Saint-Paul), à Pierre BOURLIER, bourgeois de Lyon, veuf de Pernette Geoffroy. Elle mourut le 23 juillet 1687, à Lyon (Saint-Nizier).
10. Guillaume Tricaud, baptisé le 16 octobre 1616, à Lyon (Saint-Paul), est qualifié bourgeois de Paris en 1654 et bourgeois de Lyon en 1661.
11. Antoinette Tricaud, baptisée le 11 janvier 1620, à Lyon (Saint-Paul), mariée le 28 juillet 1647, à Lyon (Saint-Paul) [1], à Pierre RAMADIER, notaire royal, prévôt et secrétaire du monastère royal de Saint-Pierre-les-Nonains de Lyon. Elle était veuve dès 1661.

---

(1) Contrat du 16 juillet 1647, Ramadier, notaire à Lyon, Chambre des notaires.

12. Gaspard Tricaud, baptisé le 16 juin 1621, à Lyon (Saint-Paul), était en 1650 docteur en théologie, prêtre et vicaire de la paroisse Saint-Paul de Lyon.
13. *Marie*-Lucrèce Tricaud, baptisée le 11 mars 1625, à Lyon (Saint-Paul), mariée le 27 février 1650, à Lyon (Saint-Paul) [1], à Fleury RADIX, bourgeois de Lyon, fils de Daniel Radix et de Claudine Chrestien. Elle mourut le 27 avril 1691, à Lyon (Saint-Nizier).
14. Et peut-être une fille mariée dès 1650 à Antoine NALLOT, bourgeois de Lyon, qui assista comme beau-frère au contrat de mariage de Marie-Lucrèce Tricaud avec Fleury Radix.

VII

Justinian TRICAUD, bourgeois de Lyon, baptisé le 29 septembre 1613, à Lyon (Saint-Paul), vendit le 9 mai 1654 [2] à Claude Doisy, maître tireur d'or à Lyon, un domaine qu'il possédait en la paroisse de Ville-sur-Jarnioux, ayant appartenu à feux Jacques Tricaud et Barbe Panse, ses père et mère, moyennant 4.800 livres, et s'engagea à faire ratifier cette vente par son frère Guillaume et ses

---

(1) Contrat du 21 février 1650, Favart, notaire à Lyon, Chambre des notaires.
(2) André Mayoud, notaire à Lyon, archives du Rhône, titres de familles, dossier Tricaud.

sœurs Catherine, Antoinette et Marie, pour les droits qu'ils pouvaient avoir sur ce domaine. Il vivait encore le 3 décembre 1661[1], comme on le voit par une transaction de ce jour relative au payement de la vente précédente, passée entre Pierre Bourlier, Fleury Radix, Antoinette Tricaud, veuve Ramadier, et Guillaume Tricaud, d'une part, et Claude Doisy, d'autre part. On ignore s'il fut marié et s'il eut postérité.

BRANCHE DE L'ARBRESLE

V

Pierre TRICAUD, marchand et bourgeois de l'Arbresle, dont on n'a pu trouver la jonction avec certitude, pouvait être fils de Jean Tricaud et petit-fils de Robert et de Catherine Giraudon (voir p. 24). Il était mort dès le 1er août 1604 (mar. de son fils).

Femme. Catherine RIMBOUR vivait encore le 1er août 1604.

1. Jean Tricaud, qui suit.
2. Claudine Tricaud, mariée à l'Arbresle, p. c. du 10 octobre 1587[2] à Antoine POYSUEL, notaire à

---

(1) André Mayoud, notaire à Lyon, archives du Rhône, titres de familles, dossier Tricaud.
(2) Reçu Demasso, notaire à l'Arbresle, Insinuations du Lyonnais, vol. 104.

l'Arbresle, fils de Jean Poysuel, marchand de l'Arbresle; à ce mariage assista Jean Tricaud, bourgeois de Thizy. Ils étaient morts l'un et l'autre le 26 janvier 1624, lors du mariage de leur fille Anne Poysuel avec Jean Souppat[1], auquel assistèrent Jacques Tricaud, grenetier au grenier à sel de Lyon, et Barthélemy Tricaud, bourgeois de Lyon.

VI

Jean TRICAUD, marchand et bourgeois de l'Arbresle, où il tenait l'hôtel du Singe, « hospes Simiæ », mourut après 1619.

Sévelinges.

D'azur au chevron d'or accompagné de trois étoiles du même, au chef de gueules chargé de deux croissants d'argent.

Femme. Pernette DE SÉVELINGES, mariée p. c. du 1er août 1604[2], fille de Jean de Sévelinges, marchand et bourgeois de Thizy, et de Jeanne Guittières; à ce mariage assistèrent Jacques Tricaud, grenetier au grenier à sel de Lyon, Antoine du Vouldy et Jean Maurice. Elle mourut après 1619.

1. Barthélemy Tricaud, qui suit.
2. Jacques Tricaud, baptisé le 17 décembre 1606, à Lyon (Saint-Pierre, Saint-Saturnin), eut pour

---

(1) Reçu Dumont, notaire à Lyon, Chambre des notaires.
(2) Reçu André Gacier, notaire à Thizy, Insinuations du Lyonnais, vol. 125, fol. 29.

parrain Jacques Tricaud, grenetier au grenier à sel de Lyon.
3. Bénigne Tricaud, baptisée à l'Arbresle, le 8 novembre 1615.
4. Françoise Tricaud, baptisée à l'Arbresle, le 26 novembre 1617.
5. Claudine Tricaud, baptisée à l'Arbresle, le 29 août 1619.

VII

Barthélemy TRICAUD [1], bourgeois de Lyon en 1624, puis marchand et bourgeois de l'Arbresle, où il tenait en 1631 l'hôtel du Cygne. Il mourut après 1633 et avant 1655.

Femme. Marguerite CHAVEROT, qui mourut à l'Arbresle, le 25 juin 1676.

1. Marguerite Tricaud, baptisée à l'Arbresle, le 8 décembre 1631.
2. Abraham Tricaud, baptisé à l'Arbresle, le 20 octobre 1633, eut pour parrain Abraham de Chastellus, capitaine châtelain de Sainte-Colombe, en Lyonnais, son bisaïeul, et pour marraine Anne de Sévelinges.
3. Charles Tricaud, jumeau du précédent, qui suit.
4. Et peut-être Marie Tricaud, marraine à l'Arbresle en 1655, étant alors veuve de Jean MATHION.

(1) Bien que la filiation de Barthélemy ne soit pas rigoureusement prouvée, elle paraît hors de doute grâce aux parrainages des Sévelinges rapportés ci-après.

VIII

Charles TRICAUD, baptisé à l'Arbresle, le 20 octobre 1633, eut pour parrain Charles de Sévelinges, bourgeois de Lyon [1]. Il s'établit à Lyon et fut inscrit au registre des nommées le 19 mars 1654 [2]. Il mourut après 1672 et avant 1683.

Femme. Anne DE VARENNES, qui mourut après 1689.

1. Marguerite Tricaud, baptisée le 29 janvier 1658, à Lyon (Saint-Pierre, Saint-Saturnin), mariée : 1° à François SERAUCOUR, docteur en médecine ; 2° le 30 octobre 1695, à l'Arbresle, à Jean CARRAUD, procureur d'office de la baronnie de Savigny, veuf de Claudine Pein.
2. Etienne Tricaud, qui suit.
3. Pierre Tricaud, baptisé le 3 décembre 1665, à Lyon (Saint-Nizier).
4. Charles-Nicolas Tricaud, né le 31 janvier, ondoyé le 1er février 1667, et baptisé le 23 janvier 1670, à Lyon (Saint-Paul).
5. Eléonore Tricaud, baptisée le 28 mars 1668, à Lyon (Saint-Paul).
6. Marie-Anne Tricaud, baptisée le 5 janvier 1672, à Lyon (Saint-Paul), mariée dès 1695 à François VAULTIER, marchand à l'Arbresle.

(1) Frère de Pernette de Sévelinges, femme de Jean Tricaud.
(2) Archives de Lyon, BB. 441, f° 293.

IX

Etienne TRICAUD, baptisé le 4 août 1661, à Lyon (Saint-Pierre, Saint-Saturnin), fut maître de poste à l'Arbresle et mourut après 1730 et avant 1733.

Femme I. Jeanne CHAUCIGNON.
1. Claude Tricaud, baptisé à l'Arbresle, le 9 juin 1689.
2. Madeleine Tricaud, baptisée à l'Arbresle, le 24 juillet 1690.
3. Marguerite Tricaud, baptisée à l'Arbresle, le 28 août 1695.
4. Benoît Tricaud, parrain en 1711.

Femme II. Marguerite MAGNINI, qui mourut après 1733.
5. Pierrette Tricaud, née le 2 et baptisée le 3 juillet 1703, à l'Arbresle, y mourut le 18 septembre 1703.
6. Christophe Tricaud, baptisé à l'Arbresle, le 15 mai 1711, mourut étant soldat dans le régiment Royal-Vaisseaux, compagnie de M. de Tressemanes, et fut inhumé à l'Arbresle, le 20 novembre 1733.
7. Jeanne Tricaud, baptisée à l'Arbresle, le 24 août 1712, mariée à l'Arbresle, le 5 novembre 1730 à Nicolas MESILLER.

PERSONNAGES NON RATTACHÉS

J. Tricaud, notaire à Thizy, reçut un acte du 9 mai 1453[1].

Antoine Tricaud, « escofferius », bourgeois de Thizy, fit une vente de services à Humbert Tricaud, curé de Sévelinges, le 22 décembre 1468 (pr.). C'est probablement le même que :

Antoine Tricaud, bourgeois de Thizy, cité en 1475 dans le testament du même Humbert Tricaud.

Catherine Tricaud, mariée à Antoine de Sévelinges, fit, avec son mari, une fondation de messes en l'église Notre-Dame de Thizy, le 29 août 1531 (pr.).

Girin Tricaud paraît dans le rôle du ban et arrière-ban du Beaujolais, le 25 mai 1534[2]. Il est cité à côté d'autres habitants de Thizy, d'où l'on peut conclure qu'il en était lui-même.

François Tricaud est cité dans le rôle du ban et arrière-ban du Beaujolais de 1555[3], « François Tricaud fera le service personnel pour le sire de Ressis ».

André Tricaud, notaire à Thizy, reçoit divers actes, du 5 novembre 1604 au 9 septembre 1615[4].

Pernette Tricaud était mariée, dès 1652, à Antoine Michel, notaire à Thizy.

---

(1) Arch. du Rhône, fonds des chapelles de Thizy, liasse supplémentaire.
(2) Arch. du Rhône, B. 1.
(3) *Ibidem*.
(4) Arch. du Rhône, fonds des chapelles, carton intitulé : Bourg-de-Thizy.

PIÈCES JUSTIFICATIVES

30 novembre 1355.

Vente par Jean Foudras, damoiseau, fils de feu Jean Foudras, chevalier, à Guillaume Chamayre, bourgeois de Thizy, de certains droits, revenus et usages à lui dus, à savoir « primo sex solidos et sex denarios... et dimidiam gallinam de sensu annuo que omnia debet et solvere consuevit dicto domicello ut asserit annis singulis Johannes Tricaudi de Tysiaco propter tenemento suo de Foillouderes ; item quatuor solidos undecim denarios... unam gallianam et... que omnia debet et solvere consuevit dicto domicello annuis singulis Ysabella relicta Stephani Chamayre, burgensis Tysiaci, tutrix et curatrix nobilis Aymonis filii sui... pro parte sua ipsius Aymonis curtilis de Foillouderes... » Fait le lundi, fête de saint André, apôtre [30 novembre] 1355, reçu Jean de Trechia, notaire.

Bibl. de Lyon, coll. Morin-Pons, carton 81.

14 août 1437.

Acte par lequel, ensuite de la vente faite par André de la Treche, « de Trechia », bourgeois de Thizy, à Pierre Faye, bourgeois du même lieu, de certaines redevances à lui dues par Martin Philippi, de la paroisse de Saint-Vincent, pour le prix de 32 francs « franchos », d'or, et du refus dudit Martin de payer ladite redevance, il cède audit Pierre Faye, à la place de cette dernière, celle dont étaient tenus envers lui Antoine de Villette et Barthélemy de la Vacheresse, de la paroisse de la Chapelle-de-Mardore. Fait à Thizy, le mercredi 14 août 1437 « presentibus Petro Tricaudi, clerico notario publico, Johanne Philiberti et Hugonino Despaigtuy, parrochiis Mardubii... » Reçu Desirvingiis, notaire.

Bibl. de Lyon, coll. Morin-Pons, carton 81.

5 mai 1439.

Testament d'honorable homme Guillaume Namy, bourgeois de Thizy, par lequel il élit sépulture au tombeau et chapelle des parents de Rose, sa femme, fait divers legs pieux, donne au prébendier de la chapelle de sa femme, fondée dans le prieuré de Saint-Pierre de Thizy sous le vocable de Saint-Laurent, cent sols tournois de cens et servis que son frère Louis lui doit après le trépas de Clémence, leur mère ; donne et légue à Gille et Robert, ses enfants non mariés, 200 écus d'or chacun ; à Philibert son fils, moine de Cluny, 50 écus d'or ; à Colette, Jeanne et Bonne, ses filles, chacune 250 écus d'or ; au posthume, dont sa femme est enceinte, 250 écus d'or ; institue son héritier universel Edouard, son très cher fils. Fait à Thizy en la maison d'habitation du testateur.

Archives des causes pies, analyse dans les *Maçures de l'Ile-Barbe*, t. I, p. 561.

Mardi 6 juillet 1441.

Testament de noble Rose de Chameyre, femme de noble Pierre de Bago, damoiseau de Thizy, et veuve de Guillaume Namy. Elle choisit sépulture en l'église Saint-Pierre de Thizy sous la chapelle fondée en l'honneur de saint Laurent ; fait divers legs pieux et fondations de messes pour l'âme de noble Jacques Chameyre, son père, et de Colaude, sa fille ; donne à

Catherine, femme d'Edouard Namy, sa [belle] fille, son grand chapelet de perles; à Colart, sa fille, 100 sols de rente et une maison acquise de Jean... au château de Thizy; à Jeanne, sa fille, 100 écus d'or; à son mari ses meubles et joyaux et droit de sépulture dans sa chapelle; fait héritiers Edouard et Robert Namy. Fait à Thizy.

> Archives des causes pies, analyse dans les *Mazures de l'Ile-Barbe*, t. I, p. 428.

11 septembre 1465.

Guillelmus Hugoneti in utroque jure licenciatus, judex ordinarius in causis civilibus terre et baronie Bellijoci totiusque superioritatis et ressortorum ejusdem pro illustrissimo principe potenti et domino nostro domino duc. Bourbon. et Andg. comite For. et Clarom... et barone Bellijoci et Francie pari et camerario dilecto nostro Petro Tricaudi, publico notario curie nostre jurato de Tisiaco, salutem. Cum magistratus Durandus de Sirvingiis, quondam publicus notarius dicte curie juratus, tempore quo vitam possidebat humanam, suo notariatus officio requisitus stipulans sub contractum Bellijoci sigillo... plura receperat instrumenta, etiam licteras et contractus in ejus papiris registris et prothocollis suo more registratos, suoque signo solito manuali signatos etiamque pluros sua propria manu scriptos et non signatos nec non grossatos et minime expeditos, notula tamen signata debite precedente... Nos hiis providere cupientes, de consensu expresso atque velle viri honesti Janini Thibert censui (?) moderni emolumentorum sigilli contractuum Bellijoci, vobis de cujus probitate et sufficensia ad plenum confidimus... dictos contractus, licteras et instrumenta per dictum quondam de Sirvingiis ut supra receptos nec grossatos ejusque propria manu scriptos et non signatos... quod tamen si sit opus suppleri volumus... Datum Villefranche sub dicte curie sigillo die mercurii undecimo mensis septembris [anno] millesimo quatercentesimo sexagesimo quinto.

(Intercalé dans une expédition d'un acte du 27 août 1432, faite le 19 février 1465 [1466] en vertu du pouvoir précédent.)
Bibl. de Lyon, coll. Morin-Pons, carton 82.

22 décembre 1468.

Vente de services par honnête homme Antoine Tricaud, « escofferius », bourgeois de Thizy, à discret homme Humbert Tricaud, curé de Sévelinges. Fait à Thizy, reçu Jean de Sirvinges, notaire.
Bibl. de Lyon, coll. Morin-Pons, carton 83.

13 janvier 1475 [1476].

Testament de discret homme Humbert Tricaud, prêtre, curé de Molinet et de Vaigne, et maintenant habitant de Thizy, l'un des prêtres sociétaires de Saint-Georges, par lequel il fait différents legs pieux et fait entre autres une fondation de messe de morts, tous les jours excepté le dimanche, à célébrer dans l'église Saint-Georges de Thizy, pour laquelle il donne à ladite société une rente annuelle et perpétuelle de 24 livres tournois, assurée par celle de 30 sols tournois à lui due par discret homme Pierre Tricaud, bourgeois de Thizy, son frère, celle de 10 sols tournois à lui due par honnête homme Antoine Tricaud, bourgeois de Thizy, etc. Fait à Thizy, reçu Namy, notaire.
Arch. du Rhône, fonds des chapelles de Thizy, Saint-Georges, liasse 2.

Samedi 23 mai 1478.

Antoine Foudras, seigneur de Courcenay, cède à discret homme Pierre Tricaud, notaire public, bourgeois de Thizy, tant en son nom qu'au nom d'honnête femme Colade, sa femme, diverses redevances dont celui-ci était tenu envers ledit seigneur à cause de sa grange au tènement de Foilloudères, en la paroisse du Bourg-de-Thizy, contenant : grange, prés, terres, bois et garenne, tenant ensemble (suivent les confins), en échange de 23 sols, 8 deniers viennois, 8 coupes de blé, 11 ras, 4 coupes d'avoine et 4 poules dues aux époux Tricaud. Fait au château de Courcenay ; reçu Jean Marion l'aîné, notaire public juré de la cour de Beaujeu.

Bibl. de Lyon, coll. Morin-Pons, carton 83.

Samedi 23 mai 1478.

Discret homme Pierre Tricaud, notaire et bourgeois de Thizy, vend à discrets hommes Pierre Naliot, curé de Thizy, Humbert Tricaud, curé de Molinet et d'Escoches, Antoine Tricaud, curé de Neaux, et autres, prêtres sociétaires de l'église Saint-Georges de Thizy, une pension annuelle de 20 sols pour le prix de 20 livres tournois, imposée et assignée sur un sien tènement appelé de Foillodières, contenant : granges, terres, prés, en la paroisse de Marnant. Fait à Thizy, devant la maison du vendeur ; reçu Jean Marion, notaire.

(Expédition faite par Morel, notaire, le 15 juillet 1507.)

Arch. du Rhône, fonds des chapelles de Thizy, Saint-Georges, liasse 7.

Mercredi 19 février 1482 [1483]

Sont constitués Pierre Naliot, curé de Thizy ; Humbert Tricaud, curé d'Ecoches et de Montagny, Antoine Tricaud, curé de Nandax, et autres, prêtres sociétaires de l'église Saint-Georges de Thizy, lesquels exposent qu'il y a environ cent ans, une messe en l'honneur de la Sainte Vierge fut fondée pour tous les jours de l'année, excepté le dimanche, en faveur des six sociétaires de l'église Saint-Georges ; il y a environ trente ans, cette fondation fut augmentée par défunte Rose Chamerière, veuve de Guillaume Namy, bourgeois de Thizy ; ensuite Humbert Tricaud, prêtre, augmenta de six autres chapelains le nombre des membres de la société, et fonda une messe des morts également pour chaque jour de la semaine, excepté le dimanche, pour le repos de son âme ; néanmoins, le nombre ne put pas toujours égaler celui de douze. Comme plusieurs habitants avaient l'intention de fonder matines, vêpres et autres fondations dans cette église, le curé et les sociétaires supplient Monseigneur l'Evêque de Mâcon de leur accorder l'autorisation de dire les heures canonicales, messes, anniversaires et autres divins suffrages fondés dans cette église ; ce qui est accordé bien volontiers.

> Arch. du Rhône, fonds des chapelles de Thizy, Saint-Georges, liasse 3.

25 mars 1483.

Donation par Pierre Jailler, bourgeois de Thizy, d'une pension de 20 sols à la Société de Saint-Georges. Parmi les sociétaires : Humbert Tricaud, curé d'Escoches et de Montagny ; Antoine Tricaud, curé de Nandax et (en dernier) Humbert Tricaud.

> Arch. du Rhône, fonds des chapelles de Thizy, Saint-Georges, liasse 1.

23 août 1496.

Permission donnée par Jean de Serrières, conseiller et chambellan du duc de Bourbon et son bailli en Beaujolais, aux prêtres sociétaires de Saint-Georges et aux échevins, bourgeois et habitants de Thizy, d'agrandir et embellir l'église Saint-Georges de Thizy. Donné à Thizy, en présence de noble Jean de Varennes, écuyer, seigneur de Rapetour, Jean de Saint-Romain, dit Pauchou, châtelain dudit Thizy, Pierre Tricault, substitut dudit, procureur audit lieu, et plusieurs autres.

> Arch. du Rhône, fonds des chapelles de Thizy, Saint-Georges, liasse 1.

12 mai 1497.

Acte relatif à la messe de la Sainte Vierge, fondée en l'église Saint-Georges de Thizy. Parmi les sociétaires figure Antoine Tricaud, curé de Nandax, et parmi les témoins « discretis viris Petro Tricaudi et Roberto, ejus filio. »

Arch. du Rhône, fonds des chapelles de Thizy, Saint-Georges, liasse 1.

Vendredi 26 janvier 1497 [1498].

Honnête homme Pierre « de Cazalibus », drapier et bourgeois de Beaujeu, en considération des services à lui rendus par Jean et Héméric Giraudon et Robert Tricaud, son gendre, donne auxdits Jean et Héméric Giraudon, son fils, et à Robert Tricaud, présents et acceptants, la moitié indivise d'une sienne chapelle dans l'église du Bourg-de-Thizy, en l'honneur des bienheureux Vincent et Sébastien, fondée sous la chapelle en l'honneur de sainte Catherine de Gênes. Il leur cède aussi la moitié du banc et du caveau de sépulture de cette chapelle. Fait à Thizy, dans la maison desdits Giraudon, le vendredi 26 janvier 1497, en présence de Philibert Morelli, notaire, et Antoine Poysuel « escofferius ». Reçu Morelli, notaire.

Arch. du Rhône, fonds des chapelles, Bourg-de-Thizy, liasse 1.

Mardi 9 septembre 1505.

Testament de « discretus dominus Anthonius Tricaudi, curatus de Nandax et societarius ecclesiæ ad honorem beatorum Morisii et Georgii in castro Ticiaci fondate, sanus monte... » Il choisit sépulture dans ladite église des saints Maurice et Georges, entre la chapelle des saints Fabien et Sébastien et la chapelle fondée par honnête homme Jean Pavin, bourgeois de Thizy ; fait divers legs pieux. Dans tous ses autres biens, il institue héritier universel honnête homme Robert Tricaud, bourgeois et marchand de Thizy, son très cher neveu. Fait à

Thizy dans la maison du testateur; reçu Pierre Morelli, notaire.

<blockquote>Arch. du Rhône, fonds des chapelles de Thizy, Saint-Georges, liasse 2.</blockquote>

25 novembre 1510, fête de sainte Catherine.

Consécration de l'église Saint-Georges de Thizy par « Reverendus in Christo Pater et dominus Laurencionis, miseratione divina Laudiciensis episcopus », avec la permission de l'évêque de Mâcon... Et d'abord la chapelle avec autel sous le vocable de saint Maurice, martyr, et de saint Antoine, confesseur, de nouveau bâtie dans ladite église par honnête homme Robert Tricaud... et une autre chapelle avec autel à l'honneur de saint Sébastien, martyr, élevée par les soins d'honnêtes Jean et Robert Tricaud, frères... Fait en présence et du consentement d'honnêtes hommes Jean Tricaud, procureur de la duchesse de Bourbon, dame de Beaujeu ; Robert Tricaud, procureur ; Claude Fachon, syndic, et autres.

<blockquote>Arch. du Rhône, fonds des chapelles de Thizy, Saint-Georges, liasse 1.</blockquote>

3 janvier 1514 [1515].

Honnête Jean Tricaud, bourgeois de Thizy, vend à noble homme Jean de Saint-Romain, damoiseau, châtelain de Thizy, divers fonds et maisons dans la paroisse de Saint-Jean-la-Bussière, moyennant une pension annuelle de 40 livres tournois. Fait à Thizy dans la maison de Guillaume Chermète.

<blockquote>Arch. du Rhône, fonds des chapelles de Thizy, Notre-Dame, liasse 7.</blockquote>

21 juillet 1520.

Honorable Robert Tricaud, bourgeois de Thizy, constitue une pension de 10 gros en faveur de la Société de Saint-Georges, assignée sur un tènement appelé de Malservis, situé en la paroisse de Marnant ; ledit tènement jadis possédé par feu Humbert Tricaud, prêtre, de Thizy, et maintenant par ledit Robert Tricaud, son neveu. Fait à Thizy, le samedi 21 juillet 1520 ; reçu Gacier, notaire.

    Arch. du Rhône, fonds des chapelles de Thizy, Saint-Georges, liasse 1.

17 juillet 1529.

Acte passé par-devant Jean Faye, juge ordinaire de Thizy, entre Anne de Senecterre, veuve de Jean Foudras, et Jean Bobillon. Parmi les témoins figure : honorable homme Robert Trycaud, châtelain de Thizy.

    Bibl. de Lyon, coll. Morin-Pons, carton 83.

29 septembre 1530.

Vidimus fait par l'ordre de « Robertus Tricaudi, judex ordinarius terre et juridictionis regin. pro domino Pierre (?) ejusdem loci locum tenens generalis et judicature Tysiaci pro nobili et potente domino Philiberto de Bellojoco... », d'un acte d'asservisation fait par Louise des Serpens, dame de Morland et femme de noble Jean de Cormier, seigneur de Claveyris, à Jean Favrot et Pierre Jacqueton, de la paroisse de Saint-Victor. Fait le 7 octobre 1426. Ledit vidimus fait le jour antépénultième de septembre 1530, en présence de discret homme Humbert Trycaud, prêtre, et autres ; reçu J. Moillard et Fachon, notaires.

    Bibl. de Lyon, coll. Morin-Pons, carton 81.

29 août 1531.

Fondation de messes anniversaires par Antoine de Sévelinges et Catherine Tricaud, sa femme, en l'église de l'hôpital de Thizy, le jour de saint Antoine et de sainte Catherine, pour lesquelles ils constituent une pension de 56 sols; reçu André Gacier, notaire

<blockquote>Arch. du Rhône, fonds des chapelles de Thizy, Notre-Dame, liasse 2.</blockquote>

17 mai 1533.

Fondation d'une grand' messe anniversaire, le jour de sainte Catherine, par honnête Catherine Giraudon, veuve d'honnête homme Robert Tricaud, pour la célébration de laquelle elle donne une pension de 15 sols, assignée sur une maison au château de Thizy. Fait à Thizy dans la maison de la fondatrice; reçu Claude Chastellain, notaire.

<blockquote>Arch. du Rhône, fonds des chapelles de Thizy, Saint-Georges, liasse 3.</blockquote>

17 avril 1537 [1538].

Démoiselle Jeanne de Joux, femme de noble homme Jacques d'Aigues, docteur en droit, de lui autorisée par la procure dont la teneur s'ensuit : « Noble maistre Jacques Aigues, d^r en droit, donne plein pouvoir à noble dame Jeanne de Joz, sa femme, l'autorisant à constituer et établir ses procureurs généraux certains messagiers spéciaux, tant à Thizy qu'à Lyon et environs, à savoir tous ceux qui par elle seront choisis et spécialement en cette ville de Thizy, le sire Robert Tricaud, seigneur des Places; messire Jean Basset, prêtre et vicaire de Thizy, et en la ville de Lyon, noble Jean Dirin, écuyer, s^r desmaulx, et maître Pierre Chastellain, licencié ès lois, et autres, etc. Fait le jeudi 25 octobre 1537. » Et ladite dame Jeanne de Joux, tant en son nom qu'au nom de son dit mari, vend à honnête homme Robert Tricaud, marchand et bourgeois de Thizy, les dîmes droits et prérogatives qu'ils possèdent aux domaines et possessions de Jean Prasjoz aliàs Doen en la par. de la Gresle (confins en blanc); item aux domaines et possessions des Valendren, en la même paroisse (confins en blanc) ; item aux domaines et possessions de Guillaume Perronet, même paroisse (confins en blanc) ; moyennant le prix de 29 écus d'or soleil, etc. Fait au château de Thizy, maison dudit Tricaud, le 17 avril 1537 avant Pâques, en présence de Jacques Bellet, serviteur dudit Tricaud ; Julian Pradel, le jeune, de la paroisse de Ronoz ; reçu J. Moillard, notaire.

Arch. du château d'Ambérieu.

12 octobre 1538.

Demoiselle Jeanne de Joux, femme de noble homme Jacques d'Aigues, de lui autorisée par la procure dont la teneur suit (comme dans l'acte précédent), vend à honnête homme Robert Tricaud, marchand et bourgeois de Thizy, les dîmes, droits et prérogatives qu'elle et son mari possédaient sur différents domaines en la paroisse de la Gresle ; reçu J. Moillard, notaire.

Bibl. de la ville de Lyon, coll. Morin-Pons, carton 83.

20 février 1538 [1539].

Contrat contenant hypothèque sur le domaine de Chérimondam pour la sûreté de la vente de la dîme de la Gresle ; ladite vente faite par Jacques d'Aigues à honorable Robert Tricaud, bourgeois et marchand de Thizy. Fait à Thizy en la maison dudit sieur Tricaud.

Arch. du château d'Ambérieu.

18 juin 1557.

Acte de constitution de 45 sols de pension annuelle en faveur de la Société de Saint-Georges par Nicolas de Lorme, prêtre de Thizy, par lequel on voit que feu honorable homme Robert Trycaud, en son vivant châtelain de Thizy, et de son autorité Catherine Girodon, sa femme, avaient vendu à Humbert Morel, prêtre de Thizy, une maison sise au château de Thizy (suivent les confins), pour le prix de 50 livres ou 50 sols de pension, comme il est mentionné dans l'acte de vente, reçu Benoît Morel, notaire, le 24 janvier 1522. Ladite Girodon, étant veuve, avait fait une fondation en l'église Saint-Georges, suivant acte reçu Claude Chastellain, notaire, le 16 mai 1532. Ladite Catherine Girodon et Jean Tricaud, son fils, avaient cédé auxdits sociétaires 25 sols de pension, suivant acte reçu Jean Moillard, notaire, le 17 mars 1536, etc.

    Arch. du Rhône, fonds des chapelles de Thizy, Saint-Georges, liasse 10.

17 décembre 1557.

Testament de messire Guillaume Labbes, prêtre, sociétaire de l'église Saint-Georges de Thizy, par lequel il fait entre autres un legs de 10 livres à Roberte, fille de Claude Tricaud, marchand de Thizy, pour lui être donné quand elle se mariera ou sera en âge de se gouverner.

    Arch. du Rhône, fonds des chapelles de Thizy, Saint-Georges, liasse 2.

Mardi 11 janvier 1557 [1558].

Nous Claude Cognard, juge ordinaire de Thizy, etc., savoir faisons que discrète personne Pierre Tricaud, en son vivant, notaire et bourgeois de Thizy, a vendu pour lui et ses héritiers aux prêtres sociétaires de Thizy, la somme de 20 sols d'annuelle et perpétuelle pension pour le prix de 20 livres; laquelle pension il aurait imposée sur un sien tènement appelé de Foilloudières, contenant : grange, terres, prés, en la paroisse de Marnant (suivent les confins), par acte reçu Jean Marion, notaire ; de la moitié duquel tènement honnête Jean Tricaud, bourgeois de Thizy, est à présent tenancier et pour ce tenu à la moitié de ladite pension de 20 sols au principal de 20 livres. Et comme aussi soit que feu Hemery Girodon, par son testament, reçu Philibert Morel, ait fondé en ladite église Saint-Georges certains offices pour lesquels il aurait donné auxdits sociétaires 3 livres d'annuelle pension, au principal de 60 livres, qu'il aurait ordonné être payé par honnête Robert Tricaud et Catherine, sa femme, ses héritiers universels, père et mère dudit Jean Tricaud, susnommé, desquels il est héritier universel. Aussi comme soit que feus honnête homme Jean Girodon et Fleurie, sa femme, dudit Thizy, par leur testament, eussent fondé en l'église Saint-Georges certains anniversaires et vigiles mentionnés auxdits testaments, reçus Jean Namy, notaire, pour lesquels ils auraient donné auxdits sociétaires 50 sols d'annuelle et perpétuelle pension, au principal de 50 livres, en déduction de laquelle somme ils auraient donné 20 sols de pension à eux dus par Antoine et Jean de la Place, frères, de la paroisse Saint-Vincent de Reyns, et pour le reste lesdits mariés Girodon l'auraient imposé et assigné sur un de leurs prés, en la paroisse de Bourg-de-Thizy, duquel pré ledit Jean Tricaud est présentement possesseur et tenu au payement de ladite pension. Aussi comme soit que feu Collade Namy, veuve de Pierre Tricaud, vivant, notaire et bourgeois de Thizy, eut fondé par son testament, en l'église Saint-Georges, une messe de trépassés avec diacre et sous-diacre, mentionnée audit testament, reçu Pierre et Jacques de Sirvinges et depuis expédié par Claude de Sirvinges, pour laquelle messe elle aurait donné à ladite Société 15 sols d'annuelle pension qu'elle aurait imposé et assigné sur ses maisons et vignes appelées de la Lacardière en la paroisse de Cogny ; de la moitié desquelles maisons et vignes Jean Tricaud est possesseur et tenu au payement de la moitié. Aussi comme soit que feu Robert Tricaud, en son vivant de Thizy, eut fondé en ladite église une grand' messe à diacre et sous-diacre, mentionnée en ladite fondation, reçu Jean Moillard, notaire, pour laquelle il aurait donné 100 livres, pour une fois, dues par ledit Jean Tricaud, sus-nommé, son frère, pour reste de 300 livres, mentionnées en ladite fondation, laquelle somme de 100 livres il aurait ordonné être payée par ledit Jean Tricaud, son frère. Aussi comme soit que feue Michelette, fille de feu André Girodon, de Thizy, eut fondé en ladite église une messe à diacre et sous-diacre, reçu Jean Moillard, pour laquelle elle aurait donné 5 livres, pour une fois, qu'elle aurait ordonné être payé par Jean Tricaud, à prendre sur les droits qu'elle avait ès biens dudit Tricaud, et pendant qu'il ne payerait les 5 livres, il payerait 5 sols de pension. Aussi comme soit que Pierre Mochier, aliàs Richard, et Jacques, son fils, de la paroisse de Bourg-de-Thizy, eussent vendu auxdits sociétaires 20 sols d'annuelle pension, assignée sur leurs pré et terres appelés en les Charrières, paroisse de Bourg-de-Thizy, desquels pré et terres ledit Jean Tricaud est possesseur pour les trois quarts et tenu au payement. Aussi comme soit que honorable homme Robert Tricaud et à son autorité Me Humbert Tricaud, son fils, eussent fondé en ladite église un anniversaire, reçu André Gacier, notaire, pour lequel il aurait donné 30 gros florins de pension, assigné et imposé sur un de leurs chenevis et pré touchant ensemble, appelé sous la Porte Jacob (suivent les confins), lequel ledit Jean Tricaud aurait vendu à Antoine du Bost franc de pension et demeure tenu au payement de ladite pension de 30 gros florins, au principal de 30 livres. Aussi comme soit que feu honorable femme Catherine Girodon, veuve de feu honorable homme Robert Tricaud, dudit Thizy, eut fondé, en ladite église, plusieurs offices et suffrages, reçu André Gacier, notaire, pour lesquels elle aurait donné 75 livres qu'elle aurait ordonné être payé par ledit Jean Tricaud, son fils, en déduction de plus grande somme qu'elle disait ledit Tricaud lui être tenu, pour le payement de laquelle somme être converti en une pension de 3 livres 15 sols. Aussi comme soit que discrète personne Me Humbert Tricaud, en son vivant, prêtre et curé d'Escoche, eut fondé en l'église Saint-Pierre du Bourg-de-Thizy un anniversaire de messes qu'il aurait ordonné être célébré par les quatre religieux dudit Bourg et par les douze prêtres sociétaires de Saint-Georges, pour lequel il aurait donné la somme de 40 livres une fois, qu'il aurait ordonné être payée par Jean et Robert Tricaud, frères, ses neveux et héritiers universels, et aurait imposé icelle somme sur un sien pré en la paroisse de Bourg-de-Thizy (suivent les confins), ladite fondation reçue Jean Marion, notaire, duquel pré ledit Jean Tricaud, sus-nommé, est possesseur et tenu au payement. Aussi comme soit que Jean Denis et à son autorité Catherine, sa femme, de la paroisse du Bourg-de-Thizy, aient confessé devoir à ladite église 12 sols de pension, imposés sur les terres, prés et verchères, appelés des Richards, paroisse du Bourg-de-Thizy (suivent les confins), touchant les terres et pré d'honnête Robert Tricaud, duquel tènement ledit Jean Tricaud est possesseur et tenu au payement. Aussi comme soit que vénérables et discrètes personnes Mes Pierre Naliot, curé du Bourg-de-Thizy, Antoine Tricaud, Pierre Basset, Jean Bérerd, Vincent de la Font, prêtres sociétaires de Saint-Georges, en leur nom et au nom des autres sociétaires, aient vendu à honnête Jean Girodon et Hemery, son fils, dudit Thizy, lors présents et acceptant 10 sols de pension, suivant acte du pénultième octobre 1495, et le samedi 17 mai 1536, discrètes personnes Jean Pomier, Jean Guillebert et autres sociétaires, aient vendu à Catherine Girodon et Jean Tricaud, son fils, etc. Et quant aux 100 livres ci-dessus mentionnées, données auxdits sociétaires par Robert Tricaud, frère dudit Jean, pour la fondation ci-dessus, ledit Jean a dit n'être tenu au payement d'icelle somme pour ce que ledit Robert lui est tenu en plusieurs sommes, même que Jean aurait payé pour lui à noble homme Didier Bailly, seigneur de Montcollon, 35 écus que Robert devait à ce dernier, comme il appert de l'obligation reçue par Jean Guillard, notaire à Lyon, le 17 août 1536 ; item à honnête Jean Grèle, contrôleur des aides et tailles en l'élection de Lyonnais, 6 écus d'or sol que ledit Robert lui devait, suivant acte du 16 août 1543, reçu Quéret, notaire, plus, aurait payé à honnête Jean Voyret, marchand de Thizy, 3 livres, suivant acte du 8 octobre 1544. Or il est dit que par-devant Jean Chastellain, de Thizy, alors notaire juré dudit lieu, en présence des témoins soussignés, vénérables et discrètes personnes Mes Guillaume de Brienne, Jean Troillet, Humbert Chenal, François Haste, Pierre Chermette, Benoît Mantelier, Antoine Mathieu, Claude Grandmichaud et André Bataillon, prêtres et sociétaires de Saint-Georges, tant en leur nom qu'au nom du curé de ladite église, de Mes Etienne de Sirvinges et Pierre Gacier, prêtres sociétaires de ladite église, d'une part, et ledit Jean Tricaud, d'autre part, conviennent que ledit Jean Tricaud payerait auxdits sociétaires la somme de 236 livres 10 sols tournois, pour tout ce qu'il doit, à la réserve du pain et du vin mentionnés en la fondation faite au codicille de feu Robert Tricaud, reçu par feu Claude Chastellain, notaire royal; ledit Tricaud est tenu quitte des arrérages d'icelle pension dus jusqu'à la fête de Saint-Martin d'hiver de l'an 1556, moyennant la somme de 43 livres 10 sols. Ladite somme de 236 livres 10 sols est convertie en une pension annuelle et perpétuelle de 12 livres 11 sols tournois, monnaie de roy, assignée sur un pré appelé du Fromental en la paroisse du Bourg-de-Thizy (suivent les confins). Et ledit Tricaud voulant s'acquitter entièrement des sommes sus-dites de 236 l. 10 s. d'un côté, et 43 l. 10 s d'autre, montant et somme universelle de 280 livres dues auxdits sociétaires, il leur cède et transporte 16 sols de pension, au principal de 16 livres, dus par Me Claude Grandmichaud, l'un des sociétaires, assignée sur une sienne maison mentionnée au titre d'acquet par-devant Claude de Montcorgie, notaire, le 7 septembre 1556, item 13 sols de pension due audit Tricaud par Benoîte, veuve de Philibert du Mas, etc., etc. Fait et passé à Thizy, le mardi 11 janvier 1557, en présence de hon. homme Jean Bailly, demeurant à Bourg-le-Comte, en Bourbonnais, et Gabriel Bérerd, marchand dudit Thizy. — Signé : Chastellain, notaire.

Arch. du Rhône, fonds des chapelles de Thizy, Saint-Georges, liasse 5.

Mardi 11 janvier 1557 [1558].

Fondation de 12 messes par honnête homme Gabriel Bérerd, marchand de Thizy, pour le service desquelles il donne à la Société de Saint-Georges une pension annuelle de 33 sols 6 deniers. Fait à Thizy, en présence d'hon. Jean Bailly, demeurant à Bourg-le-Comte, en Bourbonnais; hon. Jean Tricaud et Claude Tricaud, frères, dudit Thizy ; reçu Jean Chastellain, notaire.

>Arch. du Rhône, fonds des chapelles de Thizy, Saint-Georges, liasse 4.

13 novembre 1561.

Sentence de maintenue de la maison forte, château et domaine de la Place, en la paroisse de la Gresle, au profit de Robert Tricaud, seigneur de la Place, contre Jacques d'Albon, seigneur de Saint-André, maréchal de France. Donné à Paris.

>Arch. du château d'Ambérieu.

20 septembre 1567.

Rachat par André et Jean du Fourt, frères, laboureurs du lieu de Ville-sur-Jarniost, à Jean Tricaud, de certaines terres par eux vendues à réméré à nobles Robert et Jean Tricaud, citoyens de Lyon, suivant acte reçu par Pierre Ouvise, le 23 octobre 1565, et autre terre vendue auxdits Tricaud ou à l'un d'eux par actes du 20 novembre et du 2 mai 1566, reçu du même notaire ; reçu Benoît Moyrod, notaire de Jarniost.

>Bibl. de Lyon, coll. Morin-Pons, carton 83.

23 octobre 1572.

Jean Gaspard, docteur ès droits, juge ordinaire des terres de Thizy, savoir faisons que par-devant André Gacyer, notaire de Thizy, s'est personnellement établie dame Gabrielle Gacyer, veuve de feu honorable Jacques Mathieu, bourgeois et marchand de Thizy, laquelle, considérant les services qu'elle a reçus dudit Mathieu et que tous les biens qu'elle possède, elle les tient de lui, à cette cause, mue de dévotion, en présence, du vouloir et assentiment d'honnête Jean Tricaud, cousin germain dudit feu Mathieu, fonde vigiles à haute voix et neuf leçons avec une grand'messe à la fin d'icelle, avec diacre et sous-diacre, à haute voix, en la chapelle Tricaud, en ladite église Saint-Georges, par le curé et les prêtres sociétaires, chaque année à la fête de Saint-Blaise, qui est le 3 février, lendemain de la Purification de Notre-Dame, jour que ledit Jacques Mathieu mourut. Pour laquelle fondation elle donne auxdits sociétaires la somme de 12 livres tournois, etc. Fait à Thizy en présence dudit honnête Jean Tricaud, Pierre Girerd de la Farge et Jean Fachon, fils de feu Ennemond Fachon.

Arch. du Rhône, fonds des chapelles de Thizy, Saint-Georges, liasse 4.

31 août 1574.

Acquisition par Philiberte Gayand, veuve de Jean Tricaud, en son vivant, seigneur de la Place et citoyen de Lyon, de plusieurs héritages, sis dans la paroisse de la Gresle, de noble Antoine-Charles de Montrenard, facteur et négociateur de Gilbert d'Apchon, sr de Montrenard, et de Marguerite de Bourges, sa femme. Fait et passé en la maison forte de la Place, en la paroisse de la Gresle ; reçu Gacyer, notaire.

Bibl. de Lyon, coll. Morin-Pons, carton 83.

7 août 1578.

Devant Pierre Jallier, juge ordinaire des terres de Thizy, il a été exposé que honorable Robert Tricaud, fils d'honorable Jean Tricaud, bourgeois de Thizy, aurait confessé devoir payer pour lui et les siens aux prêtres sociétaires de l'église Saint-Georges de Thizy 10 sols tournois d'annuelle pension sur sa part de certain tènement appelé de Follodières, en la paroisse du Bourg-de-Thizy (suivent les confins); laquelle pension, ledit Robert Tricaud aurait promis de payer chaque année à la fête de Saint-Martin d'hiver, suivant reconnaissance passée le 6 juin 1520, devant André Gacier, notaire, et il l'aurait payée jusqu'en 1561; et au commencement des troubles advenus en ce royaume pour la religion, comme ledit Robert Tricaud par suite de son absence et puis de son décès aurait discontinué ledit payement, et comme hon. Nicolas Roland, bourgeois de Thizy, actuellement possesseur de ladite moitié du tènement de Follodières, refusait de reconnaître et de payer ladite pension quoiqu'il en ait été sommé par lesdits sociétaires ; à cette cause ledit Pierre Jallier, juge des terres de Thizy, mande audit Nicolas Roland de comparaître aux fins de se voir condamner et contraindre par voie de justice au payement de ladite pension. Donné à Thizy.

Arch. du Rhône, fonds des chapelles de Thizy, Saint-Georges, liasse 7.

Vers 1580.

Reconnaissances de pensions dues à la Société de Saint-Georges.

Les héritiers de feu noble Jean Tricaud, citoyen de Lyon et seigneur de la Place, doivent 7 sols 6 deniers tournois de pension annuelle, au principal de 7 livres 10 sols, provenant de la fondation faite jadis par le testament de feue dame Collade Namy de matines et une messe basse, à chaque fête de Saint-Jean-Baptiste, dont le sire Jean Tricaud, de Thizy, a répondu et reconnu l'autre moitié dudit service, imposé sur les maisons et vignes qui furent jadis de feus Pierre Tricaud et Collade Namy, appelés de la Lucardière, en la paroisse de Cogny, joignant le chemin tendant de l'église dudit Cogny à la Croix appelée de la Lucardière, comme il appert par la clause dudit testament expédié et signé : de Sirvinges.

Plus doivent lesdits héritiers Tricaud pour une fondation de vigiles et grand'messe de morts, chaque jour de mardi, faite par feu sire Robert Tricaud et dame Hélye, sa femme, comme appert par ladite fondation, la somme de 2 livres, 12 sols 6 deniers chaque année.

Item lesdits héritiers Tricaud, comme tenanciers de certain tènement appelé les Beluze, en la paroisse de la Gresle, qui fut de feu Antoine de la Combe (suivent les confins), comme appert par le titre passé par feu Antoine Odin, signé : Morelli, doivent une pension annuelle de 5 sols.

Item, en ladite paroisse de la Gresle, comme tenanciers de certaines maisons hautes et basses, jardin et terres, ensemble tenant, appelés de la Chuery, joignant les maisons et terres qui furent du sieur de Montregnard, appartenant auxdits hoirs appelés de Chuery, de toutes parties, comme appert par le titre et concession d'Antoine Odin et Jeanne, sa femme, signé : P. Morelli, au terrier coté D, folio L, doivent 10 sols tournois de pension annuelle.

Honnête Nicolas Roland, pour l'acquêt fait de Robert Tricaud, pour la moitié de la pension de 20 sols tournois, doit 10 sols sur la moitié de Foulloudière, parti par moitié avec feu sire Jean Tricaud, de Thizy, et ce in et dessus ladite moitié de Foulloudière, sis en la paroisse de Marnant, joignant les prés et terres d'honnête Antoine Chermette, estant de la grange Morel, de vent, la terre dudit Tricaud, qui fut de Georges, de matin, la part dudit tènement de Foulloudière desdits héritiers feu Jean Tricaud, de bise, la terre d'honnête Jean Voyret de la Platière, aussi de bise, et l'étang dudit Roland acquis desdits héritiers Robert Tricaud appelé aussi de la Platière, comme appert pour le titre de ladite pension de 20 sols, signé : P. Morelli, et par une concession au terrier A, folio LXX, signé : A. Gacier, et autre concession au terrier D, folio VI.

    Arch. du Rhône, fonds des chapelles de Thizy, Saint-Georges, liasse 4 *bis*.

Vers 1580.

Reconnaissances de pensions dues à la Société de Saint-Georges.

Noble Jehan Namy, seigneur de la Forest, doit à l'église Saint-Georges, au nom et en décharge des héritiers de feu hon. Jean Tricaud, de Thizy, et par les fondations des prédécesseurs desdits Tricaud et Girodon, la pension de 18 livres 4 sols tournois, et ce, comme ayant acquis certain pré et étang appelé de Fromental, en la paroisse du Bourg-de-Thizy, desdits héritiers et leurs tuteurs, à cette charge; icelui pré situé audit Bourg, contenant l'œuvre de quatorze hommes, comme appert par deux titres de vente de ladite pension passés par ledit feu Tricaud; reçus et expédiés par feu M⁰ Jean Chastellain, notaire, en 1569.

Arch. du Rhône, fonds des chapelles de Thizy, Saint-Georges, liasse 4 *bis*, cahier coté 297.

TABLE DES NOMS DE LIEUX

Allymes (les), com. d'Ambérieu-en-Bugey, Ain, 47, 48.
Ambérieu-en-Bugey, com. de l'Ain, 48, 50.
Arnheim, siège, 39.
Artemare, com. de l'Ain, 30.

Bardonnière (la), fief des Grandris, 19.
Bastie (la), com. de Belley, Ain, 33.
Beauvoir, fief des d'Urfé, 54.
Belley, ch.-l. d'arr. de l'Ain, 27 et *passim*.
Belmont, com. de l'Ain, 27, 29, 32, 34.
Berruyère (la), com. de Villette, Ain, 35.
Besançon, siège, 39.
Bognes com. du Surjoux, Ain, 29.
Bonas, com. de Dortan, Ain, 33.
Bons, fief des Dujat, 47.
Bouis, fief des Lhermite, 44.
Bourg-de-Thizy, com. du Rhône, 11, 71.
Braunau, siège, 45.

Calais, com. du Pas-de-Calais, 44.
Cambrai, siège, 39.
Cassel, bataille, 39.
Casteldelfino (prise de), 45.
Castellane, combat, 48.
Chamousset, fief des d'Aubarède, 55.
Charavines, com. de l'Isère, 38.
Chareiziat, com. de Saint-Etienne-du-Bois, Ain, 46.
Charleroi, siège, 39.
Chaux (la), com. de Collonge, Rhône, 42.
Chavagnieu, com. de l'Isère, 42.
Chérimondam, com. de la Gresle, Loire, 21.
Chimilin, com. de l'Isère, 38.
Chivasso, siège, 40, 43.
Claveyris, fief des Cormier, 73.
Condé, siège, 39.
Coni, siège, 45.
Courcenay, com. de Mardore, Rhône, 11, 68.
Croix (les), fief des Dujat, 47.

Demonte (prise de), 45.
Denain, bataille, 40, 43.
Diémoz, com. de l'Isère, 38.
Dingolfingen, bataille, 45.
Dôle, siège, 39.
Douai, siège, 39.
Douvres, com. de l'Ain, 38.

Entragues, fief des Balsac et des d'Urfé, 54.
Escoches ou Ecoche, com. de la Loire, 9, 69, 70.

Feurs, com. de la Loire, 3.
Foilloudières (les), com. de Marnant ou de Bourg-de-Thizy, Rhône, 7, 11, 15, 23, 65, 68, 69, 76, 84.
Fromental (le), com. de Bourg-de-Thizy, 23, 85.
Fromentes, fief des Sève, 18.
Forest (la), com. de Bourg-de-Thizy, 23.

Gand, siège, 39.
Gibraltar, siège, 47.
Gray, siège, 39.
Gresle (la), com. de la Loire, 21.
Grivays, fief des Gayant, 18.
Gy, com. d'Ambérieu-en-Bugey, Ain, 47.

Hôpital-Pierre-Fortunière (l'), com. de Saint-Cyr-de-Favières, Loire, 2, 3.
Hyères (prise des îles d'), 45.

Jarnioux, com. du Rhône, 19.

Kehl, siège, 45.

Lanty, com. de Sarlande, Dordogne, 44, 45.
Laval, fief des Sève, 35.
Léogane, île Saint-Domingue, 46.
Lucardière (la), com. de Cogny, Rhône, 12, 77, 83.
Luysandre, com. d'Ambérieu-en-Bugey, Ain, 47.
Luzzara, bataille, 40, 43.

Lyon, Rhône, 16, 17, 56.

Magnieu-le-Gabion, com. de St-Laurent-la-Conche, Loire, 4.
Mahon, siège, 47.
Maisonforte (la), com. de Marclopt, Loire, 55.
Mallin, com. de Virieu, Isère, 38.
Malservis, com. de Marnant, 20, 73.
Marches (les), com. de Saint-Benoit, Ain, 33.
Mardore, com. du Rhône, 12.
Marnant ou Marnand, com. du Rhône, 11, 12.
Marnat, fief des Meaudre, 53.
Marzy, fief des Barjot, 35.
Mérèges, com. de Saint-Didier-sur Chalaronne, Ain, 35.
Meynardie (la), fief des Lhermite, 44.
Meyzieu, com. de l'Isère, 2.
Molinet, 9, 68, 69.
Montagny, com. de la Loire, 9, 70.
Montalban (prise de), 45.
Montceau (le), com. de Salt-en-Donzy, Loire, 3, 4.
Montcollon, fief des Bailly, 79.
Montrenard, com. de Pouilly-sous-Charlieu, Loire, 15, 82.
Morland, fief des Serpens, 73.
Motte (la) Gigny, com. de Beaune, Côte-d'Or, 51.
Moutonnière (la), com. de Villette, Ain, 34, 35, 36.

Nandax, com. de la Loire, 10, 69, 70, 71.
Neaux, com. de la Loire, 10, 69.
Nerwinde, bataille, 39.
Nimègue, siège, 39.

Oudenarde, siège, 39.

Philipsbourg, siège, 45.
Piney (le), com. de Saint-Cyr-les Vignes, Loire, 4.
Place (la) ou les Places, com de la Gresle, Loire, 15, 16, 19 82.
Platière (la), com. de Bourg de-Thizy, Rhône, 15, 84.
Pradines, com. de la Loire, 53.

Rapetour, fief des Varennes, 70.
Rhinberg, siège, 39.
Rochebrun, fief des Lhermite, 44.
Rogkelfing, en Bavière, 44.

Saint-André-d'Apchon, com de la Loire, 16, 81.
Saint-Cyr-de-Favières, com. de la Loire, 2.
Saint-Denis, bataille, 39.
Saint-Didier-au-Mont-d'Or, com. du Rhône, 18.
Sainte-Julie, commune de l'Ain, 34.
Saint-Germain d'Ambérieu, com. d'Ambérieu-en-Bugey, Ain, 47, 48.
Saint-Laurent-de-Chamousset, com. du Rhône, 35.
Saint-Maurice-sur-Loire, com. de la Loire, 3.
Saint-Nizier-le-Désert, com. de l'Ain, 46.
Saint-Omer, siège, 39.

Saint-Polgues, com. de la Loire, 3.
Sévelinges, commune de la Loire, 9, 68.
Souliers (le), fief des Lhermite, 44.
Steenkerke, bataille, 39.
Sury-le-Bois, com. de Saint-Cyr-les-Vignes, Loire, 4.

Thizy, com. du Rhône, 9, 13, 14, 20, 26, 70, 72 et *passim*.
Tour (la) de Marboz, com. de Marboz, Ain, 49.
Tournai, siège, 39.
Turin, siège, 40, 43.
Turquena (camp de), 39.

Vaigne, 9, 68.
Valenciennes, siège, 39.
Vaulx-Milieu, com. de l'Isère, 38.
Verceil, siège, 40, 43.
Verrue, siège, 40, 43.
Villefranche, siège, 45.
Villon, com. de Saint-Cyr-de-Favières, Loire, 2, 3.
Vongnes, com. de l'Ain, 29, 34, 41, 48.
Vrandière (la), com. de Varambon, Ain, 46.

Wesel, siège, 39.

Ypres, siège, 39.
Yvrée, siège, 40, 43.

TABLE DES NOMS DE PERSONNES

Aigues (d'), 15, 21, 74, 75.
Albermale (d'), 43.
Albon (d'), 16, 81.
Alirot, 48.
Ansault, 50.
Apchon (d'), 82.
Arestel (d'), 34.
Argies (d'), 54.
Armagnac (d'), 54.
Aubarède (d'), 35, 36.
Auzanet, 50.
Aymon de Montépin, 49.

Bago (de), 11, 16.
Bailly, 26, 79, 80, 81.
Ballin, 40.
Balme, 34.
Balsac, 54.
Baret, 30.
Barjot, 35.
Baron de Maupertuy, 30.
Basset, 74, 79.
Bataillon, 80.
Bazin, 53.
Beaujeu (de), 73.
Bégule, 56.
Bellet, 75.
Benoît, 38.
Benoît (de), 26.
Bérerd, 23, 25, 79, 80, 81.
Berthaud, 26.

Bizet, 49.
Bizouard de Montille, 51.
Blanchard, 37.
Blancheville (de), 35.
Bobillon, 73.
Boissieu (de), 53.
Bollioud, 42, 56.
Bolozon (de), 49.
Bonnefond de Varinay, 3.
Bonneguise (de), 45.
Bordet, 44.
Bost (du), 78.
Bottu de Limas, 52.
Bottu de Saint-Fonds, 48.
Boudon, 44, 45.
Bourbon (de), 12, 70, 72.
Bourges (de), 82.
Bourgogne (de), 54.
Bourlier, 57, 59.
Bousquet, 40.
Boyer de Sugny, 53, 55.
Brienne (de), 80.
Brossard, 36.
Brunet, 51.

Caille, 27.
Camus (de), 42.
Cardon, 41.
Carraud, 62.
Caʒalibus (de), 20, 71.
Caze, 5.

Chabannes (de), 42.
Chamayre, 65.
Chameyre, 11, 66, 69.
Changy (de), 38.
Chapuis, 23, 25.
Charpy, 49.
Charretier, 5.
Chastellain, 21, 74, 76, 80, 81, 85.
Chastellus (de), 61.
Chaucignon, 63.
Chaverot, 61.
Chenal, 80.
Chermette, 72, 80, 84.
Chevrier, 34, 35, 41, 46.
Chezalon, 23.
Chrestien, 58.
Clémenson, 31, 35.
Clerc (le) de Juigné de Lassigny, 51.
Clermont (de), 54.
Cognard, 76.
Cognet des Gouttes, 5.
Cognet de la Maisonforte, 55.
Colombet, 56
Combe (de la), 84.
Cormier (de), 73.
Cremeaux (de), 55.
Crestin, 51.
Cuchermois (de), 27.
Cullet, 28.

Dalier, 35.
Dareste, 47, 48.
Delhorme, 42.
Demasso, 59.
Denis, 79.
Dervieu, 46.
Despaigtuy, 66.
Dirin, 74.
Doisy, 58, 59.
Dortans (de), 33, 34.
Dujat d'Ambérieu, 47, 48.

Dumont, 26, 60.
Dutour, 46.
Dutour-Vuillard, 46.

Ennery (d') de la Chesnaye, 52.
Eschallier (de l'), 38.
Escrivieux, 49.
Esmoin, 44.

Fabri, 29.
Fachon, 72, 73, 82.
Favart, 58.
Favre, 36.
Favrot, 73.
Faye, 21, 66, 72.
Fenoyl (de), 41.
Font (de la), 79.
Foudras, 7, 11, 19, 65, 68, 73.
Fougerolles (de), 53.
Fourt (du), 81.
France (maison de), 54.
François (des), 5.
Fuselier, 48.

Gacier, 25, 60, 73, 74, 78, 80, 81, 82, 83.
Gaspard, 81.
Gaudet, 45.
Gayant, 17, 18, 82.
Gayet, 36.
Geoffroy, 57.
Giraudon ou Girodon, 20, 21, 23, 71, 74, 75, 76, 77, 78, 79, 85.
Girerd de la Farge, 82.
Girin, 26.
Girin (de), 38.
Gombault, 51.
Gonod d'Artemare, 30.
Grandmichaud, 80.
Grandris (de), 19.
Grangier, 56.

Grêle, 79.
Grolée (de), 33.
Gruau, 51.
Guérin, 48, 53, 55.
Guillard, 79.
Guillebert, 79.
Guillon (de), 42.
Guillot, 42, 49.
Guiot, 50.
Guittières, 60.
Guyard, 51.

Haste, 80.
Henry, 19.
Herbout, 50.
Hugoneti, 67.

Jacqueton, 73.
Jaillier ou Jallier, 27, 70, 82.
Jourda de Vaux de Foletier, 51.
Joux (de), 15, 21, 74, 75.

Labbé, 18.
Labbes, 24, 76.
Lac (du), 19.
Laurencin, 5.
Laurencionis, 72.
Leaz (de), 33.
Lemeau de Talancé, 52.
Lemoyne, 46.
Lemps (de), 38.
Lepoyre, 48.
Lestrange (de), 50.
Lhermite (de), 44, 45.
Lorme (de), 75.
Loyseau de Charéconduit, 51.
Luvigne (de), 52.
Lyotaud, 42.

Madières (de), 53.
Magnini, 63.
Malet de Graville, 54.

Mallet, 35.
Mante, 46.
Mantelier, 80.
Marché (du), 49.
Marion, 69, 76, 79.
Mas (du), 80.
Masson (de) d'Autume, 52.
Mathieu, 23, 25, 80, 82.
Mathion, 61.
Maurice, 26, 60.
Mayoud, 58, 59.
Meaudre, 22, 53, 55.
Meilleret, 38, 42.
Menthon (de) d'Aviernoz, 52.
Mesiller, 63.
Michel, 64.
Migieu (de), 28.
Mochier, 78.
Moillard, 73, 75, 76, 77, 78.
Molière (de la), 56.
Montagne du Cognet, 55.
Montauban (de), 54.
Montceau (de), 18.
Montcorgie (de), 80.
Montfalcon (de), 29.
Montillet, 29.
Montrenard (de), 15, 16, 82, 84.
Morel, 20, 69, 75, 76.
Morellet, 49.
Morelli, 71, 72, 84.
Moyrod, 81.

Naliot, 69, 72.
Nallot, 58.
Namy, 8, 11, 19, 23, 66, 67, 68, 69, 77, 83, 85.
Nicolas, 51.
Nodot, 50, 51.
Nompère de Rongefert, 5.

Odin, 84.
Oncieu (d'), 38.

Orgeval (d'), 44, 48.
Ouvize, 17, 81.

Paffy (de), 19.
Palagnin (de), 38.
Palud (de la), 38.
Palerne, 5.
Panse, 56.
Passerat, 29.
Pavin, 71.
Pein, 62.
Pelletier, 32.
Périgord (de), 54.
Perrin, 53, 55.
Perronet, 75.
Philiberti, 66.
Philippi, 65.
Pictre, 5.
Pin (du), 29.
Piron, 46.
Pirot, 53.
Place (de la), 77.
Pomey (de), 26.
Pomier, 79.
Pompadour (de), 45.
Pont (du), 27.
Portes (de) de Lyons, 38.
Poysuel, 59, 60, 71.
Pradel, 75.
Prasjoz, *aliàs* Doen, 74.
Provence (de), 54.
Pyrelle, 22.

Queret, 79.

Radix 58, 59.
Ramadier, 57, 59.
Rambe, 53.
Ramey de la Salle, 55.
Ravachol, 47.
Raverie (de), 42.
Rébé (de), 26.

Ressis (de), 64.
Rey, 47.
Riccé (de), 35.
Rimbour, 59.
Robin, 46.
Roche (de) de Lonchamp, 51.
Rochefort (de), 27.
Rochette, 46.
Rodes (de), 19.
Roland, 15, 83, 84.
Roland de la Platière, 15.
Rosier (du) de Magnieu, 5.

Saint-Georges (de), 55.
Saint-Romain (de), 11, 14, 70, 72.
Salazard, 46.
Seguin, 22.
Senecterre (de), 73.
Septême (de), 38.
Seraucour, 62.
Sernizet, 24.
Serpens (des), 73.
Serrières (de), 70.
Sève, 18, 35.
Sévelinges (de), 60, 61, 62, 64, 73.
Sevré (de) de Préval, 46.
Seyssel (de), 28, 30.
Sirvinges (de), 10, 12, 66, 67, 68, 77, 80, 83.
Sonthonas, 19.
Souppat, 60.
Sugny (de), 54.
Surville (de), 52.

Terrail, 27.
Texières (de), 44.
Thibert, 67.
Tourvéon (de), 27.
Trechia (de), 65.
Tremblay (du), 42.

Tressemanes (de), 63.
Troillet, 80.

Urfé (d'), 54, 55.

Varennes (de), 62, 70.
Varey (de), 2.
Vaultier, 62.
Vaux (de), 38.
Vergnette (de), 50, 51.
Verney (du), 5.

Vidal, 53, 55.
Vignolles (de), 44.
Villette (de), 66.
Villon, 2.
Vinolz (de) d'Aboin, 5.
Visconti, 54.
Vivier (du), 45.
Voyret, 79, 84.
Vouldy (du), 25, 60.
Vuillemet, 31.
Vuillard, 46.

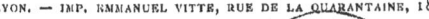

LYON. — IMP. EMMANUEL VITTE, RUE DE LA QUARANTAINE, 18

www.ingramcontent.com/pod-product-compliance
Lightning Source LLC
Chambersburg PA
CBHW070300100426
42743CB00011B/2283